마음으로 쓴 일기

시산 탁명철 교무 산문집

마음으로 쓴 일기

탁명철 지음

원불교출판사
WON BOOK

차례

제1부 마음공부

저자의 말 _ 12

1. 마음이란 무엇인가? _ 14
2. 마음공부란 무엇인가? _ 15
3. 마음공부는 어떻게 하는가? _ 16
4. 어떻게 마음 경계를 알아차리는가? _ 18
5. 마음 경계의 출현 _ 20
6. 마음 경계의 인지 _ 21
7. 마음 경계의 표현 _ 22
8. 마음 경계의 완결 _ 23
9. 마음공부 3단계 실행 방법 _ 25
10. 마음공부의 결과 _ 27
11. 마음 경계란 무엇인가? _ 29
12. 마음 경계는 언제 찾아오는가? _ 30
13. 마음 경계를 어떻게 맞이해야 하는가? _ 32

14. 마음 경계는 어떻게 대처하는가? _ 33
15. 마음 경계를 극복하는 힘은 어떻게 기르는가? _ 34
16. 마음 경계가 만든 갈등은 어떻게 극복하는가? _ 35
17. 마음 경계를 극복하면 어떠한 마음인가? _ 37
18. 마음 경계를 멈추어야 하는 이유는 무엇인가? _ 39
19. 마음 경계를 주의해야 하는 이유는 무엇인가? _ 40
20. 마음 경계에 대해 어떻게 실행해야 하는가? _ 42
21. 마음 경계를 극복하게 하는 3가지 마음 _ 43
22. 신·분·의·성 마음공부 _ 44
23. 원망 생활을 감사 생활로 돌리자! _ 47
24. 타력 생활을 자력 생활로 돌리자! _ 50
25. 배울 줄 모르는 사람을 잘 배우는 사람으로 돌리자! _ 52
26. 가르칠 줄 모르는 사람을 잘 가르치는 사람으로 돌리자! _ 55
27. 공익심 없는 사람을 공익심 있는 사람으로 돌리자! _ 58
28. 행복한 마음공부를 위한 TIP _ 61
　　1) 마음공부를 끊임없이 배우며 실행해야 한다 _ 61
　　2) 단목이비구 신의상수정 _ 62
　　3) 거지가 된 왕자 _ 64
　　4) 마음 경계를 멈추며 깨닫는 비움의 지혜 _ 65
　　5) 타고난 성격 속 4가지 기질 _ 67
　　6) 괜찮아 일기 _ 68
　　7) 자존감을 끌어올리는 5가지 방법 _ 70
　　8) 마라톤과 에스더 _ 71
　　9) 에티오피아 커피 _ 74
　　10) 삼총사 _ 75
　　11) 믿음을 주는 친구 _ 77

12) 감사 일기 _ 78
13) 마음먹기에 따라 미래가 바뀐다 _ 79
14) 간식하고 싶은 얼굴 _ 80
15) 묵은 습관을 고치자 _ 81
16) 네 덕, 내 탓 _ 82
17) 희로애락 _ 84
18) 새옹지마 _ 84
19) 야심 찬 목표 _ 85
20) 용심법 _ 87
21) 선 _ 88
22) 수승화강 _ 90
23) 동정일여 _ 91
24) 심작용의 지멸 _ 92
25) 내 마음 살펴보기 _ 93
26) 윤회 _ 94
27) 가시나무 _ 98
28) 마음 소 _ 99
29) 마음 경계 찾기 _ 101
30) 원불교 수행 _ 103
31) 마음에 뿌리내린 평화 _ 107
32) 일상 수행의 요법 _ 108

추억 앨범 _ 109

제2부 신분의성

저자의 말 _ 122

1. 인식의 전환 _ 124
2. 마음공부와 신·분·의·성 _ 125
3. 신·분·의·성의 마음으로 쓴 산문 _ 126

   1) 신信 _ 126

   (1) 더 기뻐진 생활 _ 126

   (2) 관용 _ 128

   (3) 내일도 행복하려면 _ 129

   (4) 더 좋은 리더가 되기 위한 자세 _ 130

   (5) 행복한 미소 _ 134

   (6) 가장 아름다운 모습 _ 135

   (7) 부처를 닮고 싶은 마음 _ 136

   (8) 내 탓이오! _ 137

   (9) 변화의 시도 _ 139

   (10) 또, 어떤 원을 이루고자 한다면 _ 140

   (11) 사랑하는 힘 _ 141

   (12) 환희용약 _ 143

   (13) 습관의 재발견 _ 144

   (14) 최상의 성취 _ 146

   (15) 구원과 축복 _ 147

   2) 분忿 _ 148

   (1) 마음이 불편해질 때 _ 148

(2) 유의미한 위험신호 _ *151*

(3) 사랑의 무지개다리 _ *152*

(4) 소확지신 _ *153*

(5) 실존적 결단 _ *156*

(6) 지혜 있는 사람 _ *158*

(7) 반전의 기회 _ *160*

(8) 꿈을 이루는 아이들 _ *161*

(9) 마음 챙김 _ *162*

(10) 두 개의 바다 _ *165*

(11) 만사를 이루는 사람 _ *167*

(12) 공의와 천의 _ *168*

(13) 잘 살아가는 힘 _ *170*

(14) 선음을 탐했던 하루 _ *170*

(15) 평상심이 곧 도 _ *172*

3) 의疑 _ *174*

(1) 심지와 경계 _ *174*

(2) 업業과 윤회輪廻 _ *179*

(3) 새로워지며 깨닫는 불공의 자세 _ *181*

(4) 신나게 사는 모습 _ *185*

(5) 어떤 어르신이 풀어 놓은 가슴 아픈 이야기 _ *188*

(6) 성리 연마의 재미 _ *189*

(7) 풍요로운 미래 _ *192*

(8) 가장 먼저 가장 많이 해야 할 공부 _ *193*

(9) 자강불식自强不息 _ *195*

(10) 복덕의 짝 _ *196*

(11) 편안하고 부드럽게 살아가기 _ 200

(12) 그 따뜻함 _ 204

(13) 삶의 의미를 더하는 즐거움 _ 206

(14) 하하 박수 _ 208

(15) 역지사지 _ 210

4) 성誠 _ 211

(1) 새날을 맞는 다짐 _ 211

(2) 효의 씨앗 _ 213

(3) 진인사대천명 _ 214

(4) 최급무 _ 217

(5) 앞날의 자신감 _ 222

(6) 막힘없는 소통 _ 223

(7) 절제된 욕심 _ 225

(8) 성공 인생의 징검다리 _ 226

(9) 사랑의 묘미 _ 227

(10) 배우며 일하고 사랑하기 _ 228

(11) 꽃비 _ 230

(12) 존재를 알리는 주장 _ 230

(13) 세 가지 다짐 _ 231

(14) 특별한 목표 _ 232

(15) 주인의 역할과 과제 _ 234

제1부

마음공부

마음공부
저자의 말

    사람들은 행복하게 살아가기를 희망한다. 그러나 자기만의 관점과 불평불만으로 행복과는 다소 거리가 멀어지기도 한다. 세상을 바라보는 생각을 바꾸어야 한다. 올바른 실행을 위해서는 올바른 선택과 판단이 필요하다.
    자기의 마음에 공들이고, 자기가 하는 일에 공들이고, 자기가 만나는 사람들에게 공들이며 더 좋은 모습으로 거듭나게 된다. 그리하면 누구나 행복하게 사는 훌륭한 사람이 되는 길로 나아갈 수 있다.
    현재의 삶을 새롭게 변화시키고 바르게 할 수 있다는 사실을 깨달아서 자기를 한층 더 성장시키고 상생 발전하는 길로 나아가는 게 옳다. 자신감을 가지면 바르게 나아갈 길이 보인다. 그렇게 앞을 보고 향해 가면 인생의 중요한 변곡점이 될 각자의 위치에서 기쁘게 세상을 바라볼 수 있다.
    마음과 마음 간에 발생하는 문제의 원인을 파악하고 우주적 관계에 대해 은혜를 발견하면 결국 아름답게 살아가는 상생의 삶을 지향하게

된다.

　이 세상의 한 일원으로 언제나 행복하게 살아가려면 항상 일상의 경계를 따라 일어나는 자기의 느낌, 생각, 행동을 알아차리며 좋은 선택과 실행에 힘써야 한다.

　이런 필자의 생각에 공감하시는 분들은 자기의 한 생각과 행동을 뒤돌아보는 마음을 가지는 게 얼마나 가치 있는 일인지 알 수 있을 것이다. 나쁘게 습관화된 구태도 다시 돌이킬 수 있다. 꾸준히 공부하여 더 기쁘고, 더 보람되며, 더 훈훈한 생활이 이어지기를 기원한다.

탁명철

1
마음이란 무엇인가?

사람들은 영령한 기운을 가지고 있다. 그 기운을 성품이나 정신이라고 표현한다. 또 정신에서 분별이 나타날 때를 마음이라 한다. 이런 마음을 심지心地라고도 말하며, 마음에서 뜻이 나타나는데 마음이 움직여 가는 것을 뜻이라 한다. 이런 정신과 마음이 없는 사람은 없다. 그러나 자기 마음을 자기 마음대로 사용하지 못하는 사람들이 있다.

왜 그럴까? 마음의 경계를 극복할 수 있는 심신心身의 힘이 없기 때문이다. 마음공부를 하면 누구나 자기 마음을 자기 뜻대로 사용할 수 있는 사람이 된다. 자기의 본래 마음을 잘 부려 쓰는 훌륭한 사람이 된다. 누구든지 더 평화롭고 자유로운 삶을 살 수 있다. 그렇기에 항상 맑고 밝고 훈훈한 마음을 가지기 위해 힘써야 한다. 또 그렇게 기쁨과 보람과 유익함이 있었는지 날마다 자기를 성찰하며 행복한 길로 나아갈 필요가 있다.

이렇게 훌륭함을 좌우하는 본래 마음을 서양에서는 마인드하트Mind heart라 했다. 생각Mind과 영혼Heart이란 뜻이 합해진 말이다. 생각과 영혼을 결합한 것이 마음이라고 본 것이다. 이처럼 마음공부를 통해 자신의 의지대로 활용할 수 있을 때 보람되고, 기쁘고, 행복하고, 아름다운 삶을 살 수 있다.

2
마음공부란 무엇인가?

　마음공부란 무엇인가? 마음이 움직여 갈 때마다 마음을 살펴 그 어떤 상황에서도 자기 마음을 지혜롭게 인식하고 바르게 판단해, 옳은 일은 취하고 그른 일은 관두며, 늘 기쁘고 행복한 마음을 발현하는 과정에서 삶을 더 빛나게 하는 것을 말한다. 누구든지 마음공부를 통해 자신의 의지대로 마음을 활용하며, 더 보람되고, 더 기쁘고, 더 행복하고, 더 아름다운 삶을 살 수 있다는 사실을 상기해야 한다. 그렇게 노력하는 사람이 될 필요가 있다.
　왜 편안한지, 왜 힘든지, 왜 기쁜지, 왜 슬픈지, 왜 감사한지, 왜 원망스러운지, 왜 평온한지, 왜 화가 났는지 자기의 본래 마음과 대조하고 올바른 실행 공부를 지속하면 단점도 장점이 되게 하는 긍정의 변화 속에서 원만한 인격을 가진 사람이 된다. 자연스럽게 마음 치유와 상생의 역할도 가능해진다. 세상은 빠르게 변화하고 있다. 마음공부를 정성스럽게 지속하여 삶의 은혜에 충만한 사람이 되어야 한다. 이런 효과에 대해 생각하고 변화의 묘미를 기쁘게 느끼는 것만큼 중요한 것은 없다. 또한, 일관적인 태도가 관건이다.

3
마음공부는 어떻게 하는가?

마음공부는 어떻게 하는가?

일상 수행의 요법 9조의 각 항을 한 단계씩 실행해 가면서 한다. 마음의 움직임을 통찰하며, 각 조항을 실행할수록 더욱더 올바른 사람, 행복한 사람, 아름다운 사람이 된다.

일상 수행의 요법 9조는 아래와 같다.

1. 심지心地는 원래 요란함이 없건마는 경계境界를 따라 있어지나니, 그 요란함을 없게 하는 것으로써 자성自性의 정定을 세우자.
2. 심지心地는 원래 어리석음이 없건마는 경계境界를 따라 있어지나니, 그 어리석음을 없게 하는 것으로써 자성의 혜慧를 세우자.
3. 심지心地는 원래 그름이 없건마는 경계境界를 따라 있어지나니, 그 그름을 없게 하는 것으로써 자성의 계戒를 세우자.
4. 신信과 분忿과 의疑와 성誠으로써 불신不信과 탐욕貪慾과 나懶와 우愚를 제거하자.
5. 원망 생활怨望生活을 감사 생활感謝生活로 돌리자.
6. 타력 생활他力生活을 자력 생활自力生活로 돌리자.

7. 배울 줄 모르는 사람을 잘 배우는 사람으로 돌리자.

8. 가르칠 줄 모르는 사람을 잘 가르치는 사람으로 돌리자.

9. 공익심公益心 없는 사람을 공익심公益心 있는 사람으로 돌리자.

누구나 이 아홉 단계를 선택하고 실행하는 생활이 되기를 소망할 필요가 있다. 마음이 더 맑은 사람이 된다. 마음이 더 밝은 사람이 된다. 마음이 더 훈훈한 사람이 된다. 신과 분과 의와 성의 마음으로 불신과 탐욕과 나와 우의 마음을 제거할 줄 아는 사람이 된다. 원망 생활의 일도 감사 생활의 일로 돌릴 줄 아는 사람이 된다. 타력 생활의 일도 자력 생활의 일로 돌릴 줄 아는 사람이 된다. 배울 줄 모르는 사람을 잘 배우는 사람으로 돌릴 줄 아는 사람이 된다. 가르칠 줄 모르는 사람을 잘 가르치는 사람으로 돌릴 줄 아는 사람이 된다. 공익심 없는 사람을 공익심 있는 사람으로 돌릴 줄 아는 사람이 된다.

언제나 맑고 밝고 훈훈한 마음이 충만한 생활이 된다. 언제나 불신과 탐욕과 나와 우의 마음을 물리친 생활이 된다. 언제나 감사하는 마음이 더 깊어진 생활이 된다. 언제나 자력을 더 열심히 기르는 생활이 된다. 언제나 배우는 일에 더 열중하는 생활이 된다. 언제나 가르치는 일에 더 열중하는 생활이 된다. 언제나 공익심을 발현하는 일에 더 열중한 생활이 된다.

마음공부의 놀라운 효과이다. 누구든지 이런 활력으로 더 좋은 자기 변화와 그 모습을 행복하게 바라보며 꿈꾸듯이 살 수 있다. 자기 마음의 깊이를 더 깊게 하고 자기 마음의 넓이를 더 넓게 하는 실행을 하면 된다.

4
어떻게 마음 경계를 알아차리는가?

누구나 자기 마음을 잘 사용하기 위해 노력한다. 마음 밭인 심지心地를 정성을 다해 가꾸는 것이다. 그러나 마음의 경계境界는 순간적으로 나타난다. 출현出現·인지認知·표현表現·완결完決이라는 네 단계를 거쳐 나타났다가 완결되기를 반복한다.

이렇게 마음의 경계를 맞을 때는 기분이 좋거나, 나쁜 감정을 갖게 된다. 때로는 화가 나거나, 괴롭거나, 슬퍼지거나, 우울해지는 일을 겪기도 한다. 사실 그대로의 마음 경계를 흔쾌히 받아들일 수 없을 때는 마음의 상처로 남기도 한다. 자기 마음 밭인 심지를 살펴 올바르게 대응하고 대처해야만 한다.

마음이 맑아진 일인지, 마음이 밝아진 일인지, 마음이 훈훈해지는 일인지, 신·분·의·성信·忿·疑·誠의 실행을 드높인 일인지, 신·분·의·성의 실행을 게을리한 일인지, 불신·탐욕·나·우不信·貪慾·懶·愚의 마음을 극복한 일인지, 불신·탐욕·나·우의 마음에 이끌린 일인지, 원망한 마음으로 한 일인지, 감사한 마음으로 한 일인지, 타력으로 한 일인지, 자력으로 한 일인지, 배울 줄 모르는 마음으로 한 일인지, 잘 배우는 마음으로 한 일인지, 가르칠 줄 모르는 마음으로 한 일인지, 잘 가르치는 마음으로 한 일인지, 공익심이 없는 마음으로 한 일인지, 공익심이 있는 마음으로 한 일인지 통찰하며 마음 경계의 내용을 알아차려야 한다.

마음 대조를 통해 거울의 먼지를 닦아내듯이 자신의 마음을 닦아내면서 무엇이 마음의 경계인지 명확히 알아차려야 한다. 그만큼 올바르게 대처할 수 있게 된다.

5
마음 경계의 출현

　어떤 힘과 일에 의한 정신적 자극이 일어날 때 마음 경계는 나타난다. 자기 마음에 영향을 준 어떤 힘이나 일에 의한 마음 경계의 출현이다.
　각자가 맞이하는 마음 경계를 통해 경계를 바라보는 새로운 관점과 실행을 끌어내야 한다. 자기 질문과 피드백의 준비가 필요하다.
　마음 경계는 또 다른 정신적 반응과 자극을 일으키고, 뒤이어 다른 행동의 동기가 된다. 그러기에 마음의 경계가 찾아올 때마다, 그 마음 경계에 처한 자기 마음을 멈춰 바르게 인지認知하고, 바람직한 행동을 실행할 마음의 준비를 해야 한다.

6
마음 경계의 인지

    마음 경계의 인지는 마음 경계가 어떠한 내용인지 확연히 아는 것이다. 인지 즉시 자기 반응을 표현하고픈 마음을 느끼게 된다. 하지만 그 마음의 경계를 잘 처리하기 위해서는 더욱 세밀히 인지해야만 한다.
    좋은 생각과 표현을 위한 자기 신뢰와 잠깐 기다림의 시간이다.

7
마음 경계의 표현

마음 경계의 표현은 마음 경계를 인지한 이후 자기 의사나 감정 등을 드러내고 나타내는 행동이다. 잘 표현해야 한다. 잘못된 표현은 자기 내면의 고통이 된다.

마음 경계가 바르게 잘 처리될 수 있도록 진정 서로가 맑고 밝고 훈훈해지는 자기표현을 해야 한다. 그렇게 하려면 순숙된 수준만큼의 자기표현으로 경계의 완결完決을 향해 나아가야 한다.

8
마음 경계의 완결

마음 경계의 출현·인지·표현·완결이라는 네 개의 단계를 거쳐 가는 동안 희로애락喜怒哀樂의 감정도 수없이 나타났다가 사라진다. 그런 가운데 마음 경계가 완전히 처리된 완결의 상태를 맞는다.

흘러가는 시간 속에서 맞는 정신적 자극의 출현이요, 인지요, 표현이요, 완결이다. 그저 스쳐 지나가는 인생의 한 점과 같은 것이다.

마음 경계에 대한 처리가 올바르게 잘 끝맺음 되면 평온함을 느끼게 된다. 하지만 마음 경계에 대한 상황이 잘 끝맺음 되지 않았을 때는 그 일에 대한 원망과 증오가 자기의식의 밑바닥에 깔릴 수도 있다.

그래서 내면으로 더욱더 풍요롭게 거듭나는 체화를 해야 하고 자기 사랑과 자기 치유의 능력을 더 신장시키는 길로 나아가야 하지만 그 반대의 길로 나아갈 수도 있다. 그렇기에 자기 미래가 될 마음 경계의 공간을 항상 더 알차게 채워가기 위해 힘써야 한다.

인생에서 마음 경계란 과연 무엇이며, 어디까지가 희생犧牲, 극기克己, 절제節制, 인내忍耐의 한계인가 생각해야 한다.

현재 자신의 모습과 상황을 만든 사람은 바로 자기 자신이라는 것을 자각해야 한다. 누구도 원망하지 않고 다 자기 책임이라고 생각할 수 있어야 한다.

그저 마음 경계를 성공을 위한 기준으로 받아들인다면 마음 경계를 처리한 실수조차도 성장을 위한 밑거름이 된다. 마음 경계를 잘 처리한 것과 같은 효과를 낸다. 하지만 마음 경계에 대해 바르게 자각하지 못할 때는 불평과 불만, 그리고 원망의 감정까지도 일어날 수 있다. 바람직스럽지 못한 길로 나아가게 된다.

항상 상황에 따른 바람직한 표현을 유념하며 실행하는 게 좋다. 자기계발에 기회가 되며 마음공부에 최선을 다해 마음 경계가 늘 훌륭한 자기를 성취하는 기회와 결과로 이어지게 할 필요가 있다.

그렇게 생각할 때마다 절대적인 자기 마음의 힘이 필요할 뿐임을 절감한다. 마음의 경계를 원만하게 처리하는 능력이 성공한 인생의 뿌리이다.

9
마음공부 3단계 실행 방법

어떤 마음의 경계를 맞을 때마다, 마음공부 3단계 실행 방법을 선택하고 실행해야 한다. 삶의 주인공으로 만드는 공식이다.

그 첫 번째는 기쁘게 바라보며 멈추기stop이다. 마음 경계 출현 즉시 마음의 경계를 기쁘게 바라보며 멈추는 것이다. 일상 수행의 요법 1조의 내용과 같이하는 실행을 의미한다. '심지는 원래 요란함이 없건마는 경계를 따라 있어지나니, 그 요란함을 없게 하는 것으로써 자성의 정을 세우자.' 기쁜 마음이 들지 않더라도 평정심을 잃지 않도록 힘쓰며 멈추는 것이 중요하다. 이렇게 지속하면 정신수양의 힘이 응축되어 잘 실행이 된다.

그 두 번째는 기쁘게 바라보며 생각하기think이다. 마음 경계의 내용을 인지한 후 어떻게 해야 할지 표현의 방법과 다음 실행을 궁리하는 것이다.

일상 수행의 요법 2조의 내용과 같이하는 실행을 의미한다. '심지는 원래 어리석음이 없건마는 경계를 따라 있어지나니, 그 어리석음을 없게 하는 것으로써 자성의 혜慧를 세우자.' 바로 마음의 경계에 올바르게 대처하는 단계까지 생각이 이어지게 해야 한다. 그렇게 마음의 경계를 기쁘게 바라보며 멈추고 난 후, 경계 전후의 관계와 상황을 생각하면 좋은 완결로 나아간다. 지속하면 사리연구의 힘이 응축되어 잘 실행이 된다.

세 번째는 기쁘게 바라보며 실행하기play이다. 경계를 기쁘게 바라보며 생각하고 난 후, 기쁘게 바라보며 실행하는 것이다. 일상 수행의 요법 3조의 내용과 끝이지는 실행을 의미한다. '실시는 원래 그름이 없건마는 경계를 따라 있어지나니, 그 그름을 없게 하는 것으로써 자성의 계戒를 세우자.' 마음 경계에 대한 완결이다. 좋은 결과가 나오도록 힘써야 한다. 지속하면 작업취사의 힘이 응축되어 잘 실행이 된다.

이렇게 거듭해서 마음 경계가 올 때마다 멈추고, 생각하고, 실행하기를 반복하면 더 멋지게 순숙되어 가는 사람으로 변화할 수 있다. 인생을 잘 살아가는 데 꼭 필요한 마음의 기술을 활용할 수 있는 능력을 갖췄기 때문이다.

이것이 마음공부의 기본 3단계 실행 방법이다. 긍정적 사고의 기본적 공식이라고 해도 무방하다. 마음을 열고, 모든 마음의 경계를 기쁘게 맞는 것이 중요하다.

어떻게든지 기쁘게 바라보며 멈추기와, 기쁘게 바라보며 생각하기와, 기쁘게 바라보며 실행하기를 생활화해야 한다. 결국 이런 자기 변화로 인해 더 알차게 성장하고 발전한다.

10
마음공부의 결과

　마음공부에 최선을 다하면 일상에서의 선택과 실행을 더 새롭고, 더 아름답게한 참 기쁨이 솟아난다. 일상 수행의 요법을 마음공부의 기본 원리와 단계를 활용하며, 자기 마음을 더 깊은 마음으로, 더 넓은 마음으로 지속해서 반복해 실행할수록 몸과 마음의 모든 작용이 더 은혜롭게 되기 때문이다.

　몸과 마음의 느낌feeling, 생각thinking, 그리고 행동acting이 자기 자신과 의지대로 잘 되었는지 알 수 있다. 마음이 맑아진 일인지, 마음이 밝아진 일인지, 마음이 훈훈해지는 일인지, 신·분·의·성信·忿·疑·誠의 실행을 드높인 일인지, 신·분·의·성의 실행을 게을리한 일인지, 불신·탐욕·나·우不信·貪慾·懶·愚의 마음을 극복한 일인지, 불신·탐욕·나·우의 마음에 따라간 일인지, 원망한 마음으로 한 일인지, 감사한 마음으로 한 일인지, 타력으로 한 일인지, 자력으로 한 일인지, 배울 줄 모르는 마음으로 한 일인지, 잘 배우는 마음으로 한 일인지, 가르칠 줄 모르는 마음으로 한 일인지, 잘 가르치는 마음으로 한 일인지, 공익심이 없는 마음으로 한 일인지, 공익심이 있는 마음으로 한 일인지 스스로 알아차리게 된다.

　늘 자기 스스로 마음공부 실행 결과를 뒤돌아보고, 대조하며, 더 올바르게 하는 육근 동작에 힘써야 한다. 그럴 때 자기 삶의 조건과 환경에 구애받지 않는다. 자기의 마음속으로부터 날마다 더 새롭게, 더 아름답게, 더 기쁘게, 더 즐겁게, 더 행복하게, 더 평화롭게 살아갈 수 있는 길로 나아가게 된다. 계속해서 분발하며 지속해서 실행하던 미래쉬에 오르는 힘을 가질 수 있다고 스승님들은 말씀하셨다.

훌륭한 사람으로 아름다운 일을 하고자 하는 개개인의 꿈도 이런 의지를 불태우는 다짐으로 연속적인 현실이 되게 해야 한다. 날마다 이렇게 마음공부에 최선을 다한 결과를 생각하고, 또다시 대조하고 다짐하며 살았는지 늘 뒤돌아 성찰하며 공功을 들이면 된다. 이렇게 지속할수록 자기 마음의 땅인 심지에서부터 더 알찬 축복과 평화로움의 싹이 더 좋은 상태로 자라난다.

11
마음 경계란 무엇인가?

마음의 경계란 무엇인가?

마음의 경계는 자기 마음에 영향을 주는 어떤 힘이나 일을 말한다. 일상의 생활 중에 이런 마음의 경계가 우연히 오기도 하고 때론 필연적으로 닥치는 경우도 있다.

마음 경계를 잘 대처하지 못 하면 과도한 자기 갈등으로 화나 분노, 그리고 증오의 올가미가 된다.

이런 갈등을 풀어내지 못하면 마음의 상처를 남긴 채 자기 성장을 더디게 한다. 싫든 좋든 쓰든 달든 그 경계가 자기 자신을 깨우쳐준 유의미한 일이었음을 자각自覺해야 한다. 더 큰 혜복惠福을 심고 가꾸는 계기가 된다.

12
마음 경계는 언제 찾아오는가?

마음의 경계는 언제 찾아오는가? 자아개념自我概念이 흔들릴 때 찾아온다. 어떤 힘과 일에 의한 정신적 자극이 일어날 때이다.

그렇기에 언제나 육체적으로나 정신적으로 더 건강해지는 선택과 실행을 하는 게 좋다. 긍정적인 자아개념이 형성되게 해야 한다.

자아개념이 무엇인지 확실하게 알아야 한다. 개개인이 가진 자신에 대한 견해를 말한다. 나는 어떤 사람인가? 나의 능력은 어느 정도인가? 나는 지금 어떤 처지인가? 이런 물음에 스스로 묻고 답을 제시하려는 생각이다. 자기 자신의 능력에 대한 견해만이 아니라, 성격·태도·느낌 등을 모두 포괄한다. 이처럼 자아개념은 학교에서의 학업성취나 직장에서의 적응상태에 밀접하게 관련된다.

이런 자아개념은 긍정적 자아개념과 부정적 자아개념으로 크게 나뉜다. 학교에서 적응을 제대로 못 하고 있거나 학업성적이 개인의 잠재적 능력 수준에 미치지 못한 학생들은 대개 부정적인 자아개념을 형성하며, 비교적 성공적인 직장생활을 하는 직장인들은 대개 긍정적인 자아개념을 형성하고 있다는 것이 연구로 밝혀져 있다.

긍정적 자아개념이 형성되도록 노력해야 한다. 하지만 부정적 자아개념도 형성된다. 그리고 부정적 자아개념이 두껍게 형성될수록 갈등의 문제가 나타난다. 서로의 '다름'을 '틀림'으로 인식하는 순간부터다. 결국 우리가 모두 다른 존재라는 것을 인정할 때, 자기의 다름도 존중받을 수 있음을 깨닫게 된다. 상대를 인정하며 갈등을 풀기 위한 노력을 해야 한다. 그런 노력이 항속적인 자기 발전의 토대가 된다.

13
마음 경계를 어떻게 맞이해야 하는가?

　인간의 행복은 물질이 많은 데서 오는 것이 아니라, 마음을 슬기롭고 아름답게 하여 삶의 보람을 느끼게 하는 실행으로부터 온다. 항상 맑고 밝고 훈훈한 자기 마음을 알아차리고 선용善用할 때 더 큰 행복의 길에 다가서는 일이 된다.
　마음 경계를 맞을 때마다 생처교숙生處敎熟의 자세를 갖는 게 좋다. 마음의 경계가 생소한 것이라도 마땅히 익혀서 몸과 마음이 즐겁고 기쁘도록 익숙하게 만들어야 한다. 정화淨化하지 못한 감정을 정화할 수 있는 최적의 방법이다. 욕심, 이기심, 피해의식, 열등감, 자만심, 패배의식, 죄의식 같은 부정적인 감정들을 정화하게 된다. 이런 자세를 지속해가면 시간이 흐를수록 마음 경계가 편안해진다. 생활의 자세가 변화되는 가운데 더 밝은 미래로 나아가게 되기 때문이다. 극히 좁은 마음을 가졌던 사람도 순숙의 과정을 밟아 나갈 수 있다. 더 넓은 마음을 가진 사람이 되고, 어디에서나 보람된 일로 더 큰 희망을 품게 된다.

14
마음 경계는 어떻게 대처하는가?

마음의 경계 출현에 의한 마무리를 마음 경계의 출현·인지·표현·완결이라는 네 개의 단계를 통해 밝혔듯이, 날마다 더 기분 좋게 생활하려면 무엇보다도 마음 경계에 올바로 대처하는 데 초점을 맞춰야 한다. 마음 경계를 알아차렸다면 그 마음 경계에 올바르게 대처하는 마음을 무엇보다 우선해야 한다.

경계가 오면 '앗! 경계다! 마음공부 할 때구나!' 생각하고, 기쁘게 마음을 멈추는 실행도 가능한 한 빠르게 진행해야 한다. 우리 스승님께서 지도하신 방법이기도 하다. 이렇게 마음 경계를 알아차리기 위해 노력해야 좋은 마무리가 된다.

이런 실행과 자신감이 없으면 자기가 하고자 하는 일도 잘 이루어지지 않는다. 마음의 경계에 가로막히는 실행이나 일 처리가 되기 때문이다. 마음의 경계를 알아차리면 그 즉시 멈추고, 생각하고, 실행하는 대처 방법이 자기 몸에 배도록 해야 한다.

15
마음 경계를 극복하는 힘은 어떻게 기르는가?

　세상을 살다 보면 참 많은 경계를 맞게 된다. 좋은 사람을 만나기도 하고 나쁜 사람도 만난다. 좋은 일로 기뻐하기도 하지만 피해가 되는 일로 힘들어하는 시간을 보내기도 한다.
　이렇게 힘들어하는 것은 마음 경계에 끌려다닌 일차적 마음 경계의 완결 때문이다. 그러나 순경이든 역경이든 그 경계를 지혜롭게 대처해 가면 후일에는 자기 마음의 힘을 키워준 특별한 일이 된다. 마음의 힘이 왜 필요한지 알게 된다.
　그렇다면 마음의 경계를 극복하는 자기 자신의 힘은 어떻게 기르는가? 마음의 경계를 지혜롭게 극복하면 할수록 자신을 스스로 더 신뢰하며 마음 경계를 극복할 수 있는 심신의 힘이 길러진다. 마음의 경계를 극복하는 자세로 변함없는 일과를 처리할 때이다. 언제든지 자연스럽게 마음으로 느낄 수 있다.
　무엇이든 바르게 이해하면 그곳에 해법을 찾는 문이 있다. 그 문은 항상 열려 있다. 그래서 힘을 기르며, 극복하고, 또 성공한다.

16
마음 경계가 만든 갈등은 어떻게 극복하는가?

꿀벌을 따라가면 꽃이 있는 곳에 도달하고, 파리를 따라가다 보면 오물이 모인 웅덩이가 나온다. 마음 경계의 처리 또한 이와 같은 이치를 깨닫게 한다.

마음 경계를 올바르게 완결하면 마음의 평화 속에서 더 좋은 실행과 성취의 힘을 얻지만, 마음 경계를 올바르게 완결하지 못할 때는 요란한 마음에, 어리석은 마음에, 그른 마음에, 불신의 마음에, 탐욕의 마음에, 나의 마음에, 우의 마음에, 원망의 마음에, 타력에 의존하는 마음에, 배울 줄 모르는 마음에, 가르칠 줄 모르는 마음에, 공익심 없는 마음의 경계에 또 휩싸인다.

현실 속에서 자기 욕구가 자아개념과 계속해서 충돌하는 상황이 이어진다. 자기를 스스로 경멸하거나 무시하는 상황도 나타난다. 더 큰 갈등이 발생하는 원인이 된다. 자기감정을 인정하고, 조절하고, 진정하는 힘을 잃어버리고 갈등의 상태에 이르렀기 때문이다.

갈등은 한자로 칡덩굴 갈葛과 등나무 덩굴 등藤이 합해진 낱말이다. 칡과 등나무가 서로 얽혀 있는 것과 같이, 개인이나 집단 사이에 있는 목표나 이해관계 따위로 적대시하거나 불화하는 것을 말한다. 상반相反하며 양보하지 않고 대립하는 것이라 말할 수 있다.

이런 갈등은 어떻게 극복하는가? 4가지 욕구를 충족시키는 노력으로 극복한다. 사랑과 소속의 욕구, 힘의 욕구, 자유의 욕구, 즐거움의 욕구가 자기 문제의 중심에 놓이게 해야 한다.

사랑과 소속의 욕구를 통해 다른 사람으로부터 사랑받고, 다른 사람을 사랑하고 싶은 욕구를 충족게 하면 된다. 힘의 욕구를 통해 경쟁하고 성취해야만 하더라도 존재가치를 인정받는 욕구를 충족게 하면 된다. 자유의 욕구를 통해 자기가 살고 싶은 곳에서 살며, 자신의 의사대로 표현하고 싶은 욕구를 충족게 하면 된다. 즐거움의 욕구를 통해 새로운 것을 배우며, 여가나 놀이를 통해 즐거움을 얻고 싶은 욕구를 충족게 하면 된다. 진정한 사랑에 의해 자기 회생이 이루어진다.

이렇게 노력하는 시간을 보내면 언제든 마음이 차분히 가라앉는 상태가 된다. 부정적이고 파괴적인 자기의 경향성이 사라진다. 긍정적인 사람이 되는 것이다. 자기 인연 모두와 화해和解를 한다. 자기가 원하는 욕구나, 상대가 원하는 욕구를 살펴 조절할 수 있는 마음의 힘을 갖게 된다. 그래서 마음의 갈등이 없게 할 때 더 큰 희망을 품게 되는 것이다.

17
마음 경계를 극복하면 어떠한 마음인가?

자기 마음을 맑고 밝고 훈훈하게 하는 마음의 힘이 없으면 수시로 마음 경계를 맞는다. 연이은 마음 경계에 부딪히기도 한다.

마음 경계를 제대로 극복하지 못했을 때는 요란한 마음에, 어리석은 마음에, 그른 마음에, 불신의 마음에, 탐욕의 마음에, 나의 마음에, 우의 마음에, 원망의 마음에, 타력에 의존하는 마음에, 배울 줄 모르는 마음에, 가르칠 줄 모르는 마음에, 공익심 없는 마음에 휩싸인다.

자기 선택과 실행의 결과 또한 좋지 않다. 고요한 마음을 찾고 지키는 실천이 잘되지 않는다. 어두워진 마음으로 인해 어리석은 일을 자꾸 경험한다. 신·분·의·성의 실행에서 더 멀어진다. 원망할 일이 된다. 타력에 의존한 일이 된다. 잘 배우지 않은 사람의 일이 된다. 잘 가르칠 줄 모르는 사람의 일이 된다. 공익심이 없는 사람의 일이 된다.

하지만 마음 경계를 잘 극복했을 때는 자기 마음을 맑고 밝고 훈훈하게 하는 좋은 실행의 일이 된다. 신·분·의·성의 보람된 일이 된다. 감사한 일이 된다. 자력으로 처리한 일이 된다. 잘 배우는 사람의 일이 된다. 잘 가르치는 사람의 일이 된다. 공익심이 있는 사람의 일이 된다.

자연스럽게 원만구족하고 지공무사한 마음이 된다. 좌절하지 않고, 원망하지 않고, 갈등하지 않는 마음이 된다. 또다시 경계에 맞닥트리더라도 마음의 눈을 크게 뜨고 자기에게 다가오는 상황을 소중히 살피고 실행하는 마음이 된다.

그렇게 세상의 모든 것이 은혜라는 것을 절감하게 된다.

소태산 대종사는 일상 수행의 요법을 조석으로 외우게 하였다. 글만 외라는 것이 아니요, 그 뜻을 새겨서 마음에 대조하라 하였다. 대체로는 매일 매일 한 번씩 대조하고 세밀히는 경계를 대할 때마다 잘 살펴야 한다. 곧 심지心地에 요란함이 있었는지 없었는지, 심지에 어리석음이 있었는지 없었는지, 심지에 그름이 있었는지 없었는지 마음 경계를 맞을 때마다 통찰해야 한다.

그리고 소태산 대종사는 항상 심지가 요란하지 않게 하며, 항상 심지가 어리석지 않게 하며, 항상 심지가 그르지 않게 하고 보면 그 힘으로 지옥 중생이라도 천도할 능력이 생긴다고 하였다.

이렇듯이 마음 경계란 삶 속에서 자기 마음에 좋고 나쁜 영향을 주는 일이 된다. 일상의 더 큰 보람과 기쁨 그리고 행복을 만끽하기 위해서라도 마음 경계를 공부 삼는 사람이 되어야 한다.

18
마음 경계를 멈추어야 하는 이유는 무엇인가?

마음의 경계를 멈추어야 하는 이유는 무엇인가? 마음 경계를 알고 난 즉시 자기 마음을 기쁘게 바라보며, 멈추는 실행 속에서 더 바르게 앞으로 나아갈 수 있는 자기 마음의 힘을 가질 수 있기 때문이다. 잘 실행하면 마음이 안정되어 큰 인물이 될 성품을 갖출 수 있다. 이렇게 얻은 힘을 수양력修養力이라 말한다. 인생은 B(birth)에서 시작해 D(death)로 끝난다. 그러나 B와 D 사이에는 C(choice)가 있어 인생은 묘미가 있다.

프랑스 철학자 장 폴 사르트르가 한 말이다. 그 묘미를 느끼게 하는 마음의 힘은 바로 마음 경계를 기쁘게 바라보며 멈추기를 실행하는 마음의 힘에서부터 비롯되고 확장된다. 불평complain, 충돌crush, 부정적negative인 것보다는, 도전challenge과 변화change 같은 긍정적positive인 C의 삶을 살려고 노력하는 자세를 가져야 한다. 마음 경계를 맞을 때마다 마음을 편하게 하여, 자기 몸과 마음에 큰 충격 없이 곧바로 올바른 실행의 생각과 기운을 연결할 수 있다. 어떤 상황에서든 이렇게 기쁘게 바라보며 멈추고 생각과 기운을 연결하고 회복시키면 더욱더 편안해질 수 있게 된다. 자기 스스로 정신의 수양력이 어느 정도 갖춰져 있는지 가늠할 수도 있다. 긍정적인 변화의 첫걸음이다.

19
마음 경계를 주의해야 하는 이유는 무엇인가?

 마음의 경계를 주의해야 하는 이유는 무엇인가? 다음 단계의 실행을 더 좋은 내용으로 준비하기 위해서이다. 마음공부의 두 번째 단계인 기쁘게 바라보며 상황에 맞는 생각을 하며 좋은 실행을 하는 데 매우 효과적이다. 매일 덜 틀린 사람으로 거듭나는 방법이다. 잘 실행하면 사리事理가 명확해지고 총명해져서 큰 인물이 될 지혜를 갖출 수 있다. 이렇게 얻은 힘을 연구력 硏究力이라 말한다.

 어떤 것에 대한, 무엇에 대한 고정관념을 버리고 마음 경계나 사물의 이치를 기쁘게 바라보며 생각할 때 쌓인다. 그렇게 마음 경계를 사실 그대로 기쁘게 바라보며 다음 단계의 실행을 생각해야 한다. 마음 경계의 상황성에 맞게 대처하는 지혜가 나온다. 일테면 대증적 대처對證的 對處를 위한 지혜인 셈이다.

 여기에서 대증은 서로 마주하며 증거를 내세우거나 증거를 조사하는 기법이다. 자연과 사람을 이분법적인 방식으로 증상에 맞게 대처하는 것이 대증적 대처라고 할 수 있다.

 마음 경계의 내용을 더 많이, 더 다양하게 생각해야 한다. 마음 경계를 극복하면 할수록 삶의 윤기를 더하는 일이 된다. 자기 생각의 방향과 깊이, 그리고 폭이 유연하게 확장된다.

어떤 것이든지 고정관념을 버리면 마음 경계를 기쁘게 바라보며 생각하는 일이 가능해진다. 이럴 때 가장 절실한 것이 생활하며 접하는 사사물물을 그저 기쁘게 바라보며 생각할 수 있는 자기 마음의 힘이다.

20
마음 경계에 대해 어떻게 실행해야 하는가?

　마음의 경계를 기쁘게 바라보며, 멈추고, 생각하고, 실행해야 하는 이유는 무엇인가? 마음 경계의 좋은 완결을 위해서이다.

　마음의 경계를 기쁘게 바라보며 생각하고 난 후 기쁘게 실행하는 것이다. 잘 실행해 가면 마음이 바르게 되어 큰 인물이 되는 결단의 힘을 갖출 수 있다. 자기 실행의 모난 부분을 과감히 잘라낼 수 있다. 이를 취사력取捨力이라 한다.

　귀를 열고 눈을 활짝 떠서 자기에 대해 듣고, 볼 수 있게 된다. 바르게 듣고 볼 때 본래 마음을 회복하는 실행도 뒤따른다. 일상의 활력을 밑에서 위로 밀어 올릴 수 있다. 이렇게 지속할 수 있을 때 자기 자신을 끝없이 발견하는 일이 가능해지고, 그렇게 시간이 흘러간 만큼 더 큰 결단의 힘을 갖춘 사람으로 변한다.

21
마음 경계를 극복하게 하는 3가지 마음

마음 경계를 극복하게 하는 마음 세 가지가 있다.

참 진眞, 다할 진盡, 나아갈 진進.

참 마음과 온갖 노력을 다하는 마음과 더 좋은 미래로 나아가는 마음을 갖는 것이다. 이런 마음을 갖게 되면 항상 기쁘게 생활할 수 있다. 몸과 마음과 정신을 세 가지 진의 마음으로 집중적으로 단련해야 한다.

물에 잠겨 있던 물고기가 가파른 절벽을 타고 꼬리를 흔들며 오르는 것을 사자성어로 잠린어행潛鱗魚行이라 한다. 일상에서 이런 용기를 낼 때, 어떤 마음 경계든 그 경계의 극복에 실로 큰 힘을 발휘할 수 있는 세 가지 진의 마음을 가질 수 있게 될 뿐 아니라, 날마다 최선을 다하는 생활도 가능해진다. 그만큼 가치 있는 존재가 된다.

22
신·분·의·성 마음공부

　신·분·의·성은 만사萬事를 이루는 원동력이라 말한다. 누구든지 자신을 성공시킬 때 갖는 마음이다. 그 마음으로 불신과 탐욕과 나와 우를 제거하는 마음공부를 해야 한다.
　자기 스스로 일상에서 신·분·의·성의 마음을 부지런히 챙기고 있는지, 불신과 탐욕과 나와 우의 마음은 잘 떨쳐내고 있는지, 밀밀히 질문하며 성찰하기를 유의하고 또다시 힘을 내 신·분·의·성의 마음을 부지런히 챙기기 위한 실행을 해야 한다. 능력 있는 사람이 되어 가는 기쁨을 준다. 자만自慢을 멀리하며 실행할 때 결과가 더 좋다.
　신의 마음으로 마음 경계를 맞고 있는지, 의의 마음으로 마음 경계를 맞고 있는지, 성의 마음으로 마음 경계를 맞고 있는지 마음 경계의 상황에 맞게 궁구하며 일상의 올바른 실행을 이어나가야 한다. 이런 마음의 선택과 실행을 할 때, 불신과 탐욕과 나와 우의 마음을 떨쳐내며 자기 변화가 가능한 실행 의지를 다질 수 있다. 무엇을 위해 살아야 하는지 깨닫기 위해 힘써야 한다. 어떤 상황이더라도 신·분·의·성의 마음으로 바뀐다. 자기인식의 자세가 그렇게 순숙되는 것이다.

그래서 소태산 대종사는 일상 수행의 요법 4조를 통해, 신과 분과 의와 성으로서 불신과 탐욕과 나와 우를 제거하자고 히였다. 그런데 신·분·의·성의 마음을 챙기지 않으면 특별하게 믿는 마음이 없으니 못하고, 분발하는 마음이 없으니 못 하고, 궁리하는 마음이 없어서 못 하고, 최선을 다하는 마음 없어서 못 한다는 자기 평계를 만들게 된다.

신·분·의·성의 생활이 아닌, 불신과 탐욕과 나와 우의 생활을 하는 상황을 만든다. 신과 분과 의와 성의 마음은 좋은 변화나 성취의 결과와 비례하나, 불신과 탐욕과 나와 우의 마음은 좋은 변화나 성취의 결과와 반비례하는 결과만 만든다. 이런 관계성을 궁구하며 신·분·의·성의 마음을 챙겨내는 실행이 신·분·의·성으로 하는 마음공부의 공부 거리다. 잘 실행하면 하는 일마다 성공하는 주인공이 된다. 그런 사람은 자기에게 던지는 질문법도 다르다. 더 철저한 질문을 하고 실행을 한다.

신·분·의·성의 마음을 활용하면 자기 생각이 달라지고, 행동이 두렷하고 올바르게 변화되는 길로 나아가게 된다. 잘 실행하면 하는 일마다 성공하여 빠른 속도로 성장하고 발전한다. 신·분·의·성의 마음을 활용할 때만이 자기 능력을 키울 수 있고, 성취의 기회를 얻게 된다는 것을 상기해야 한다. 이런 관점에 중심을 기울이는 일에 우선하는 것이 매우 중요하다.

대가를 치르지 않고 이뤄지는 일은 없다. 변화와 성취도 마찬가지이다. 어렵고 힘든 일이라도 더 가치 있는 일이라면 그렇게 더 올바른 길로 나아가는 변화나 성취를 위한 실행이 뒤따르게 해야 한다.

세상을 살아가려면 늘 무엇인가를 바라봐야 한다. 어느 과정에서나 두 개의 시선을 가지게 된다. 기쁜 것과 슬픈 것, 좋은 것과 나쁜 것, 성공과 실패 등처럼 말이다. 그때마다 신·분·의·성의 마음으로 실행하는지 돌이켜야 한다.

진일보進一步, 즉 한 걸음 더 나아가는 삶을 살기 위해서는 어떻게든지 한 단계 더 높이 발전해 나아가는 신·분·의·성의 마음이 실행되게 해야 한다. 이런 변화를 뜻하는 한자가 있다. 바로 구를 전轉과 변할 변變이다. 쉼 없이 구르며 변화한다는 뜻이다. 때로는 매우 위태롭고 어려운 지경일지라도 변화하는 흐름이 퇴보하지 않도록 해야 한다.

어차피 노력해도 안 될 것으로 생각할 필요는 없다. 좌절이 습관처럼 몸에 배든가, 일종의 자기충족적 균형감으로 포장된 생각과 늘 이기고 있다는 자만적인 생각을 선택하면 결국 최종 라운드에서는 넘어질 수 있다.

절망은 실패와 좌절의 기억들만을 재생산하고 자기 행동을 제한한다. 더 좋은 미래를 기약할 수 없다. 좋은 성취는 그만큼의 노력이 뒤따르게 해야 한다.

언제나 어떤 목적이나 경지에 도달하였어도 거기서 멈추지 않고 더욱 노력하고, 충분히 언사言辭를 다하였어도 더 나아가서 정묘精妙한 말을 추가할 수 있는 삶을 살아야 한다. 어떤 상황에서라도 그만큼 자신을 신뢰할 수 있고, 실리를 얻을 수 있을 때 할 수 있는 말이다.

이런 진일보의 결과는 앞으로의 시간을 통해 나타난다. 어떻게 살아야 잘 사는 것인가 진일보의 심정으로 생각해야 한다.

달걀은 부화를 시켜야지 그걸 깨부숴서는 닭을 얻지 못한다. 달걀이 내부 힘으로 깨지면 생명이 생겨나지만, 외부의 힘으로 깨지면 생명을 잃게 된다. 이처럼 모든 일의 관건은 인내심이다.

줄탁동시啐啄同時란 말을 통해 상상할 수 있다. 어미 닭이 알을 품은 지 21일이 되면 알 속의 새끼는 알껍데기를 톡톡 쪼는데 이것을 줄啐이라 한다. 이 소리에 귀를 세우고 기다려온 어미 닭은 이에 호응하여 그 부위를 밖에서 탁탁 쪼아 주는데 이것을 탁啄이라 한다. 경계마다 나타나는 자기 변화의 좋은 의지도 이렇게 나타난다. 마음공부를 하는 참 변화의 재미를 느낄 수 있다.

23
원망 생활을 감사 생활로 돌리자!

　사람들은 저마다 걸음걸이가 다르고, 자기를 꽃 피우는 시기도 다르다. 오늘 당장 뜻대로 되지 않는다고, 그간의 노력에 관한 결과가 잘 나오지 않는다고 불평하며 원망해서는 안 된다.
　물론 언제 자기를 꽃 피울지 미리 알 수 있다면 좋겠지만 사람 대부분은 그 시기를 잘 알지 못한다. 그래서 그저 그때가 찾아올 때까지 돌에 정으로 글씨를 새기듯 매일 정성스럽게 임할 뿐이다.
　혹 어려운 현실에 처해있다고 하더라도 희망을 바라며 감사의 마음으로 자기 할 일을 알차게 실행하는 게 좋다. 이 세상을 살아가는 동안 얼마든지 감사 생활로 평안해질 수 있다. 감사의 실행이 자기 마음부터 쭉쭉 이어진다.
　더 좋은 실행은 어떻게 하는가? 원망 생활을 감사 생활로 돌리는 일이다. 일상 수행의 요법 5조 내용이다. 원망과 감사의 배경과 최선의 실행과정이, 원망 생활을 감사 생활로 돌리는 마음공부의 공부 거리다.
　잘 실행하면 처하는 곳마다 은혜의 관계가 되어 한량없는 복덕의 주인공이 된다. 어떻게든지 잘 실행하려는 생각과 의지를 다져야 한다. 늘 긍정적인 변화를 가능하게 하는 마음을 가지게 한다. 그리되면 긍정적인 감정이 발현되고 새롭게 행동을 하는 신념을 갖게 된다. 원망 생활을 감사 생활로 돌리자는 일상 수행의 요법 5조의 내용처럼, 원망할 수 있는 생활이라도 감사 생활로 돌리기 위해 정성껏 감사의 마음을 발현하는 사람이 되자.

그런데 신결 과제가 있다. 늘 편안하게 자기를 알아차릴 수 있는 지혜와 안목을 갖는 일이다. 누구나 자기의 고정관념의 틀을 깨고 사물을 있는 그대로 바라볼 수 있도록 자신을 스스로 진화시키는 실행에 열중해야 한다.

알아차린 현상을 좋다, 나쁘다, 혹은 된다, 안 된다는 것으로만 판단하지 않고, 마음 경계도 그 위치에서 출현한 대로, 인지하고, 표현하며, 심신의 상태가 더 좋아지는 완결의 단계를 밟는 자기 노력이 수반되어야 한다.

있는 그대로 경계에 바르게 대처하는 생각을 해야 한다, 내가 틀렸다, 내가 미안하다, 당신은 할 수 있다, 당신의 능력을 믿는다, 당신이 자랑스럽다, 당신에게 감사한다, 당신이 필요하다, 당신을 믿는다, 당신을 존중한다, 당신을 사랑한다 등등과 같이 긍정적인 변화가 될 생각을 표현하고 좋은 실행을 하는 접점을 스스로 찾게 된다.

상생의 마음과 감사의 마음에서 나타난다. 자신을 기쁘게 하는 실행, 상대를 기쁘게 하는 실행, 주변인들을 기쁘게 하는 실행이 되도록 힘쓰는 게 그 비결이다.

이렇게 긍정적인 변화를 이끌어 가면, 그에 맞는 긍정적인 삶의 목표가 새롭게 세워진다. 언제든지 마음 경계를 있는 그대로 기쁘게 바라볼 수 있는 생각과 실행이 가능해진다. 스스로 할 수 있는 최상의 생각과 실행이 된다. 판단하지 않고 그대로 인정하고 지켜본 결과이기도 하다.

이렇게 긍정한 마음은 차원을 높인 자기 도전과 자기 변화를 늘 가능하게 한다. 언제나 감사한 생활을 이어 갈 수 있다. "감사합니다", "고맙습니다" 이 말을 하기 위해서는 단 0.3초도 걸리지 않는다. 이 0.3초의 습관이 얼마나 큰 힘을 발휘하는가 생각하며 살아야 한다.

감사 생활은 감사의 에너지로 일상생활을 하며 느낄 수 있는 특별한 기쁨이다. 현실을 직시하면서 돌이켜보는 게 중요하다. 언제든 이렇게 달라질 준비가 되어있는가 살피는 일만으로도 늘 마음속에 기쁨이 샘솟는다. 이런 인생관을 가지면 원망 생활을 감사 생활로 돌리는 일을 더 수월하게 실행할 수 있다. 『대종경』 수행품 49장에서 "원망 생활은 배은이며 죄업의 원인이 되고, 감사 생활은 보은이며, 선업의 결과를 가져온다."라고 지적하며 가르치신 점에 특별히 유념해야 한다.

원망 생활을 감사 생활로 돌리면 감사 생활의 열매가 열린다. 은혜의 열매이다. 자기 마음으로 구멍 난 자기의 마음을 치유할 수 있다.

물질적 풍요와 정신적 행복이 비례하지 않고, 오히려 반비례한다는 경향성이 있음을 바르게 인식해야 한다. 그래야 상처받은 마음을 스스로 치유할 수 있는 길이 보인다.

24
타력 생활을 자력 생활로 돌리자!

자력 생활은 자기 자신의 힘으로 살아가는 것을 말한다. 기본소득Basic Income을 스스로 해결하며 사는 것이다.

기본소득을 창출하는 과정은 삶의 인식과 변혁을 꾀한 배움의 활용에 기인한다. 자유와 평등을 바탕 삼는 자율성도 가져다준다.

육체적으로나, 정신적으로나, 경제적으로나 모든 면에 있어서 남의 힘을 빌리지 않고 자신의 힘으로 살아가는 사람이 되어야 한다. 일상 수행의 요법 6조에 타력 생활을 자력 생활로 돌리자고 밝혀 놓은 이유이다.

타력에서 자력으로 전환하는 계기와 과정 과정의 실행이 알찬지 부실한지 바라보고, 생각하고, 또다시 힘을 내 최대한 바르게 실행해 나가는 것이 타력 생활을 자력 생활로 돌리며 하는 마음공부의 공부 거리다. 바로 그렇게 전환이 될 때 자기 마음공부의 길이 보인다. 잘 실행하면 점점 자기의 실력이 길러져서 무한한 은혜를 베푸는 주인공이 된다.

오늘날의 직업 세계는 능력 중심이 되고 있다. 어떤 분야든지 사람으로서 자기의 의무와 책임을 다할 수 있는 능력을 길러 기본소득을 스스로 해결하며 사는 사람이 되어야 한다. 이런 자력 생활이야말로 자기 마음을 더 밝게 하는 마음공부 길이요, 생활의 활력을 더하는 길이다.

최초는 최고와 통한다는 말이 있지만, 자력 생활은 그 분야의 최고를 지향할 힘이다. 왜 일하는지 알아야 한다. 인생이 어디를 향해 가는지 생각하며, 더 기쁘게 자력 생활을 지속하는 사람이 되어야 한다.

과거보다 미래에 열정을 쏟으며 재능을 만들어가며, 끌려가지 말고 끌고 가는 사람이 되자. 분명 누군가는 뚫고 나온다. 세상이 정한 범주로부터 뚫고 나와야 한다.

이때 너무도 많은 마음공부를 하게 된다. 눈 맞추기, 자세, 표정, 몸짓 등은 매우 효과적인 마음공부 자료가 된다. 자기 욕구나 감정 등을 부정하거나 억압할 때는 더욱 그렇다. 타력 생활을 자력 생활로 돌리는 과정이 다 마음공부의 과정이 된다. 이런 의지를 갖는 것이 매우 중요하다.

그리하자면 자력을 길러 활기차고 행복했던 기억을 살려내야 한다. 그런 자기를 감사하고 칭찬해야 한다. 잘난 자기 모습도, 못난 모습도 있는 그대로 받아들여야 한다. 그리고 마침내는 외면하고 미워했던 자신을 사랑해야 한다. 원망하던 사람들까지도 사랑해야 한다. 자력을 기르며 하는 마음공부의 기쁨에 흠뻑 젖을 수 있다.

25
배울 줄 모르는 사람을 잘 배우는 사람으로 돌리자!

현실이란 무엇일까? 단순하게 보자면 지금 이 순간 우리의 육근인 안·이·비·설·신·의를 통해 느낄 수 있는 세상이다.

이처럼 생각하면 배울 줄 모르는 사람을 잘 배우는 사람으로 돌리는 일은 이 세상을 살아가면서 겪을 수밖에 없는 일이다. 잘 배울 줄 모르는 사람은 초점의 오류가 작은 일도 크게 키운 화禍의 상황을 초래한 일을 겪는다.

그런데 일상 수행의 요법 7조의 내용처럼 배울 줄 모르는 사람을 잘 배우는 사람으로 돌리는 마음공부를 하면 더 기쁜 생활이 된다. 배움에 대한 질문과 과정의 실행이 공부 거리다. 일상의 무엇이든, 어떤 일이든 시선을 집중하면 배울 줄 모르는 사람을 잘 배우는 사람으로 돌리게 하는 것도 마음공부의 공부 거리다.

지금 굉장히 중요한 것들이 아주 작은 점같이 자기 자신의 주변에 존재한다는 사실을 깨닫고 배울 수 있다. 또 그 점 같은 내용이 잘 이해되고 인식될수록 하루하루의 좋은 실행으로 이어지고, 모든 지혜 역량이 갖춰지며 더 큰 일을 하는 주인공이 된다.

하지만 안타깝게도 이러한 능력을 키우기란 그리 쉬운 일이 아니다. 현재 상황을 넓은 시야로 바라보는 것은 참으로 힘들다. 그럴 수만 있다면 별로 중요하지도 않은 일에 흥분하지 않아도 될 테니 말이다. 자기의 생각과 판단을 우선하는 분별심과 주착심을 내기에 앞서, 반응의 결과를 좋게 유도할 수 있도록 잘 배우는 사람이 되어야 한다. 거듭 새로워지는 삶의 해법이요, 더욱더 깊이 있는 품격을 갖추는 길이다.

기쁘게 잘 배우는 사람이 되어야 한다. 가정에서든 학교에서든 직장에서든 좋아하는 일을 하면서 마음공부를 하며 더 보람된 삶을 살 수 있다. 잘 배우는 사람에게는 항상 뭘 배워도 자기 것으로 만드는 역량이 강화되기 때문이다. 배울 줄 모르는 사람을 잘 배우는 사람으로 돌리자는 이유이다.

배움은 느낌, 생각, 행동을 뒤돌아보며 그 앎으로 채우는 것이다. 천천히 익숙해진다. 천천히 익숙해지는 기쁨이 된다. 보람도 커진다.

배우는 사람이 그 배움의 행실을 닦고자 한다면 반드시 말을 신중히 하는 예절도 갖춰야 한다. 배우려는 사람의 말은 반드시 정성스럽고 믿음이 가야 하기 때문이다.

반드시 때에 맞추어 말하고, 다른 사람의 말에 대해 긍정하거나 동의하는 것을 무겁게 여겨야 한다. 목소리는 엄숙하게 하고, 우스갯소리를 하거나 지껄여서는 안 된다. 오직 글을 짓고 이치를 밝히는 데 유익한 대화를 나누고, 괴이하고 신비한 이야기나 뒷골목의 상스러운 말 등을 입 밖에 내서는 안 된다. 공허한 잡담으로 시간을 보내는 것은 좋은 태도가 아니다. 미래를 개척하는 공부와 배움이 뒤따르게 해야 항상 행복한 사람이 된다.

그렇게 천천히 익숙해진다. 새로운 것을 시작할 때 쉬운 것부터 시작해서 천천히 익숙해지는 것이 중요하다.

2억 5천만 년 전 지구에 등장한 매미는 여름 한 달 지내려고 땅속에서 17년을 굼벵이로 산다. 현재 우리나라에는 13종류의 매미가 살고 있는데, 긴긴 시간 바랐던 허물을 벗어도 10시간 동안은 못 난다. 그래서 참새 등 천적에게 잡아먹힌다. 암컷을 부르는 수컷 매미 울음소리도 못 내보고 말이다. 이런 매미의 울음소리가 우렁차게 커지는 비밀은 텅 비어 있는 수컷 매미의 배에 있다. 진동 막을 흔들어 낸 소리가 배에 닿으면 소리가 울리면서 더 커진다. 이렇게 소리가 울리면서 커지는 것을 공명(共鳴) 현상이라고 한다.

　매미의 일생은 참 흥미롭다. 1년 전 암컷 매미가 나무껍질에 5~10개씩 30~40군데에 낳은 알에서 부화한다. 세상에 나온 후 고개를 내밀어 땅에 떨어지면, 땅에 떨어진 매미 굼벵이는 땅속으로 40센티 정도 파고 들어가 땅속 암흑세계에서 벚나무, 느티나무, 버드나무 같은 활엽수의 뿌리에 붙어 흠집을 내고 수액을 빨아 먹고 산다. 이렇게 매미 굼벵이가 지하 생활을 하는 기간은 짧게는 3년, 길게는 17년이나 된다.

　일테면 매미의 일생을 들여다보는 것만으로도 자기 삶을 새롭게 변화시키는 해법을 찾으며 마음공부 하는 기회가 된다.

26
가르칠 줄 모르는 사람을 잘 가르치는 사람으로 돌리자!

그 누구든지 늘 가르침을 받고, 늘 누군가를 가르치는 소임을 져버릴 수 없다. 그런 상황에서 가르칠 줄 모르는 사람을 잘 가르치는 사람으로 돌리기 위해서는 어떻게 하는지 성찰해 볼 필요가 있다.

가르치는 사람에게도 그 가르침의 단계가 있다. 꾸짖어서 가르치는 사람은 초급이요, 꾸짖음과 칭찬의 효과를 함께 쓰는 사람은 중급이요, 칭찬으로 잘 가게 하는 사람은 최고단계에 속하는 사람이다. 가르치는 사람 또한 그렇게 진화를 할 수 있다는 방증이다.

꾸짖어서 가르치는 사람인지, 꾸짖음과 칭찬의 효과를 함께 쓰며 가르치는 사람인지, 칭찬만으로 가르치는 사람인지 가르침의 단계를 헤아려야 한다. 바로 그 노력이 최고로 잘 가르치는 사람을 만든다. 장점을 칭찬하며 잘 가르칠 줄 아는 사람이 되어야 한다. 바로 일상 수행의 요법 8조의 내용이다.

이처럼 일상 수행의 요법 8조는 가르칠 줄 모르는 사람을 잘 가르치는 사람으로 돌리자는 것이다. 가르침에 대한 과정과 자세 그리고 그 단계까지의 실행이 모두 공부 거리다. 가르칠 줄 모르는 사람을 잘 가르치는 사람으로 돌리며 하는 마음공부의 공부 거리다.

잘 가르치는 사람이 되기 위해 가르침의 단계를 성찰해야 한다. 좋은 가르침에 대하여 늘 관심을 기울일 필요가 있다. 좋은 삶을 살아가는 길을 열어준다. 좋은 가르침의 시간이 되게 해야 한다. 잘 실행하면 지도역량이 무한 개발되어 가르침의 은혜를 확신하는 주인공이 된다.

여기에서 중요한 것은 좋은 생각으로 하는 좋은 가르침의 시작, 지속, 끝내기 과정이다. 가르침을 위한 대화의 시작과 지속 과정에서 수없이 많은 마음공부의 순간이 다가온다.

다음은 엄마와 아들이 대화한 한 예이다.

아들이 누워 TV를 본다. 엄마가 심문하듯이 묻는다. "너, 숙제 다 했어?" 아들이 세게 되받는다. "알아서 할 거야! 학교 갔다, 학원 갔다, 바빴단 말이야! 난 좀 쉬면 안 돼?" 엄마가 빈정거린다. "그렇게 해서 점수가 그 모양이지! 웬만큼 하고서 그런 소릴 해야지!" 아들이 자리를 박차고 나간다. "그래 난 바보거든! 그러니까 대학도 안 갈 거야!" 엄마는 한숨을 쉰다. '왜 나와는 항상 이런 식인지!'

매번 똑같이 반복되는 다툼의 저변에 깔린 불평불만이 심리 게임이 되고 있다. 그러나 심리 게임을 하면 마음공부가 되지 않는다. 자기 약점을 보호하는 등의 소모적인 게임에서 벗어나게 해야 한다.

차라리 자기를 인정하고 스스로 정직해지도록 힘써야 한다. 그리되면 학교 공부도 잘되고 마음공부도 잘 될 것이다. 날 선 대화 속에 감춰진 불평불만은 단지 심리 게임으로만 연장될 뿐이다. 참된 대화가 되지 않기 때문이다.

이렇게 믿음을 저버린 인간관계는 서로의 위기를 자초한다. 서로가 기대 수준의 높이와 마음의 거리를 좁혀야 한다. 그 길은 정직한 노력과 공감뿐이다. 이런 사실을 깨달아야 마음공부가 진척된다.

어느 상황에서든지 매번 공식화되는 가르침의 장애물이 있다. 바로 끼어들기, 판단하기, 놀리기, 비난하기, 충고하기, 주제 바꾸기 등이다. 사실과 감정 사이에서 서로의 편안함을 위주하며 서로의 마음에 상처가 나지 않도록 유의하며 대화를 진행해야 한다. 그러다 보면 저절로 마음공부가 된다. 감사하는 마음을 우선시하며 좋은 대화가 되도록 힘쓰기 때문이다. 좋은 가르침을 위해서는 감사하는 마음과 공감하는 마음과 배려하는 마음으로 자기의 목표와 연결하는 것도 꽤 괜찮은 생각이다. 그런데 이미 습관이 되어 그 목표를 발견하지 못하고, 발견해도 그 필요성을 느끼지 못하는 사람들이 많다.

습이불찰 찰이불각 習而不察 察而不覺을 꿈꿔 볼 일이다. 습이불찰 찰이불각은 이미 습관이 돼 발견하지 못하고 발견을 해도 느끼지 못한다는 뜻이다. 현실 속에서 변화의 추세에 무감각해지고, 추세 변화를 느끼더라도 올바르게 연관시키지 못하는 상황을 잘 나타내주는 표현이다.

27
공익심 없는 사람을 공익심 있는 사람으로 돌리자!

열정적으로 고대하던 순간이 지나고 나면 사람들은 허무함을 느낀다. 그 허무함을 극복하며, 타인에게 아름다운 사람으로 기억되려면 공익심을 발현하는 사람이 되어야 한다.

일상 수행의 요법 9조의 내용대로 공익심 없는 사람을 공익심 있는 사람으로 돌리면 된다. 공익심을 발현하는 과정과 설정한 수준까지 다가가기 위해서는 관계성 극복의 실행이 공부 거리다. 잘 실행하면 경세經世의 역량이 무한 개발되어 온 세상에 공익을 선도하는 주인공이 된다.

공익심이란 개인의 사리사욕을 버리고 사회, 국가, 세계의 대중을 위하는 마음이다. 공심公心이라고도 한다. 모든 이가 다 좋게 여기는 일을 하는 마음이다. 이런 공익정신은 더욱 넓은 시야에서 대승적인 이타행의 실행을 가능하게 한다.

공익심 없는 사람을 공익심 있는 사람으로 돌리자는 가르침을 더욱 절실한 마음공부의 과제로 받아들여야 한다. 이런 경험을 통해 마음공부를 오롯이 즐길 수 있다. 그러므로 기쁘고 즐거운 삶을 원한다면 공익심을 발현하는 실행에 더 많은 시간 투자를 하면 된다.

공公 없는 사私가 있을 수 없고, 사 없는 공이 있을 수 없다고 말한다. 그래서 마음공부를 아주 깊이 한 사람들은 공과 사는 다르지만, 두 가지 말이 결국 하나라는 사실부터 새로운 시각으로 받아들이고 바르게 인식하기 위해 힘쓴다. 이런 자세 속에서 공익심 없던 마음의 경계가 사라지고 공익심 있는 마음으로 전환된다. 공익심이 없던 때 맞닥트리던 마음의 경계가 소멸하고 인생의 행복감을 더하는 마음의 빛을 발하게 된다.

자기 초점의 오류를 허용하지 않으려 노력한 생활의 결과다. 남의 약점을 건드리지 않으려고 힘쓰고, 비굴하지 않으려고 힘쓰고, 약자를 깔보지 않으려고 힘쓰고, 항상 상대방을 배려하기 위해 힘쓰고, 잘난 체하지 않는 사람이 되기 위해 힘쓴다.

이런 생활을 지속해 나가기 위해 전초제근剪草除根의 자세도 필요하다. 잡초를 뽑으려면 뿌리째 뽑아야 한다는 뜻이다. 어느 한 부분만 고쳐서는 해결되지 않을 때 근본적으로 그 문제를 해결하는 것을 의미한다. 어느 날 공익심이 발휘되지 않는다면 이렇게 자기 자신을 바꿔야 한다. 일해백리一害百利가 된다. 이런 마음공부는 모든 것을 다 이롭게 하는 사람을 만든다.

공익심 없는 사람을 공익심 있는 사람으로 돌리는 마음공부를 하는 경지까지 왔다면 기쁜 마음으로 더 아름다워진 삶을 살 수 있다.

삶은 늘 현재 진행형이다. 자신의 삶에서 행복 효과가 반감되지 않도록 살아야 한다. 그렇기에 내 안의 욕구나 삶의 아름다운 이야기에 귀 기울이면서 한 발 한 발 내디딜 때마다 공익을 위하는 쪽으로 발걸음을 떼야 한다. 삶의 모습이 점점 더 아름다워진다.

지난날 상처받은 상황을 극복하고 무력감을 털어낼 수 있음에 감사하고, 스스로 칭찬하면 조금 더 자유롭게, 행복하게 사는 길이 보인다. 또 그렇게 실행해 갈 수 있게 된다.

마침내 외면하고 미워했던 사람, 원망하던 사람들도 사랑해야 한다. 칭찬하고 기뻐해야 한다. 매사 감사하고, 사랑하고, 칭찬하고, 기뻐하고, 감사하면서 사는 것이다.

공익심을 발현한 삶을 가꾸기 위해서는 그런 활력이 샘솟아야 한다. 건강을 위해 신체적으로 알맞은 운동을 하듯, 정신적으로는 긍정적인 공익활동의 생각을 무엇보다도 우선순위에 올려놓아야 한다.

28
행복한 마음공부를 위한 TIP

1) 마음공부를 끊임없이 배우며 실행해야 한다

현재의 자기 마음에는 삶 속에서 단련된 힘이 배어 있다. 일상생활의 균형감을 잡아주는 역할을 한다.

이제까지 '행복한 마음공부'를 할 수 있었던 것도, 자기 마음과 시각을 바꿔 현실의 균형감과 행복감을 원하는 만큼 추구할 수 있어야 한다는 자기 의지가 크게 작용한 결과이다. 육체적 근육이 발달해 있어야 건강한 삶을 사는 것처럼, 마음의 힘이 장양되고 올바른 시각을 가져야한다. 그리하여 기쁜 마음으로 즐겁게 살 수 있는 자기 선택과 실행에 도움이 되어야 한다.

마음의 경계境界에 대처할 수 있는 마음의 힘을 길러야 한다.

바로 정성스러운 마음공부를 통해서다. 이미 한 일을 후회하거나, 앞으로 할 일을 겁낼 필요는 없다. 새로운 의지를 불태우는 다짐과 실천만으로도 무엇이든 보람을 일굴 수 있는 사람이 된다. 그렇게 1%만 바꿔도 인생은 달라진다. 새롭게 멋지게 아름답게 달라지는 길을 가야 한다.

그러기 위해서는 마음공부를 끊임없이 배우며 더 새롭게 실행할 필요가 있다. 아는 것이 많아질수록 모르는 것도 더 많음을 발견하게 된다. 지식의 원願이 커지면 커질수록, 그 원願의 바깥쪽에 있는 무지의 영역도 더 커진다는 것을 알게 된다. 그렇게 잘 배우는 사람이 되기 위해 노력해야 한다.

긍정적인 사람은 심신 간의 표정이 밝고 유쾌하며 기쁨에 충만하다. 새로워진 자기의 변화를 즐길 줄 안다. 인간 본질의 4가지 차원, 즉 신체적, 정신적, 사회·감정적, 영적 차원의 변화가 좋은 쪽으로 일어났기 때문이다.

모든 행동엔 심리적 이유가 있다. 굳은 결심과 다르게 행동하게 되는 것도 본인은 미처 알아채지 못한 사이 작용하는 심리적 자극이 좌우한다. 깨어 있는 순간 우리를 바꿀 수 있는 사람은 사건이나 환경 등의 자기 조건과 환경을 극복한 사람이 된다. 생각지도 못한 선생님의 칭찬 한마디에 꿈을 갖게 되는 것처럼 말이다.

자기 주변의 환경과 조건은 인생에서 가장 강력한 가르침을 주지만 항상 자기편에 서주지는 않는다. 자신이 원하는 사람이 되기 위해서는 스스로 자기 주변의 환경과 조건에 대해 능동적 질문을 하고 올바른 답을 내야 한다.

'당신에게는 명확한 목표가 있습니까?'보다는 '당신은 명확한 목표를 세우는 데 최선을 다했습니까?'라고 묻는 게 더 좋다. 전자는 현재의 마음 상태를 묻는 것에 불과하지만, 후자는 최선을 다하는 행동을 유도한다.

운명은 단지 우리가 다루는 두 개의 시선 중 하나를 선택한 카드일 뿐이다.

2) 단목이비구 신의상수정

행복한 일을 생각하면 행복해진다. 비참한 일을 생각하면 비참해진다.

날마다 어떤 다짐을 하며 살아가는지 늘 뒤돌아봐야 한다. 더 열정적이고 희망적인 길이 보인다. 본질적 차원에서의 균형 잡힌 생각이 떠오르며 실행이 된다. 자기의 조건과 환경을 보는 눈이 달라진다.

매끈한 돌이나 거친 돌이나 다 제각기 쓸모가 있는 법이다. 남의 성격이 내 성격과 같아지기 바라는 것은 어리석은 생각이다. 도산 안창호 선생의 말씀이다.

남 탓이 내 탓이 되어야 한다. 네가 변해야 한다는 생각보다 내가 변해야 한다고 생각해야 한다. 누구든지 이해하면 사랑하게 된다. 마음의 경계가 순간순간 극복되는 것이다.

관념 속에 안주하는 한 걸림 없는 마음의 자유가 없다. 마음을 닦아야 한다는 말도 바로 이런 의미에서 기인한다. 그렇기에 시시각각으로 떠오르는 생각과 이로 인하여 생겨나고 굳어지는 관념들을 자기 마음공부의 공부 거리로 삼는 데 주저하지 말아야 한다.

현재의 지위나 처지에서 모든 감각 기관에 의해 호불호好不好로 지각이 되는 것도 마음의 경계가 된다. 인식할 수 있는 대상을 가리키기도 하고, 인식이 미치는 범위를 뜻하기도 한다. 단순히 장소나 영역을 가리킬 때도 있다. 또 자기의 세력이 미치는 범위로서 소유에 집착하고 있는 것을 뜻하기도 하며, 할 수 있는 일들을 가리키기도 한다.

사람들은 마음의 경계를 맞을 때 자동으로 마음이 변화한다. 그러기에 당당하게 나아가 경계를 따라 작용하는 그 마음을 잘 챙기고 알아차림으로써 습관적인 마음작용을 멈추거나 마음작용의 과정을 그대로 관찰할 수 있도록 노력해야 한다.

더 나아가면 자기 마음의 습관적 경향성과 한편에 치우쳐 집착하는 마음 작용을 제어하는 힘을 얻을 수 있다. 이때 필요한 것이 자기의 느낌, 생각, 행동을 있는 그대로 알아차리고 스스로 비춰보는 본래 마음 찾기이다.

항상 마음의 경계와 본래 마음을 인지하는 공부를 해야 한다.

경계는 눈·귀·코·입을 단정히 하고, 몸과 마음을 항상 바르게 하라는 신호가 된다. 단목이비구 신의상수정端目耳鼻口 身意常守正의 뜻을 새기며 사는 것도 꽤 재미있는 일이다.

나는 원래 훌륭한 사람이다. 다양한 마음 경계에 따라 달라졌을 뿐이다.

3) 거지가 된 왕자

한 왕자의 이야기이다.

어린 시절 놀러 왕궁을 나갔다가 길을 잃었다. 우연히 만난 거지가 자기 집에 데리고 가 길렀다. 그렇기에 자신이 왕자라는 사실도 모르고 살면서 날마다 구걸까지 했다.

매일 같이 왕자를 그리워하던 왕은 신하를 통해 왕자를 찾게 했다. 왕자에겐 왕자라는 것을 알아볼 수 있는 어떤 특징이 있었다. 어느 날 왕자를 찾은 신하는 이렇게 말했다. "당신은 원래 거지가 아니다. 궁궐의 대왕께 모시고 가겠다" 하지만 거지의 집안에서 자라 이미 거지 생활이 몸에 밴 왕자는 왕의 신하가 하는 말을 믿을 수가 없었다.

그래도 그 신하는 날마다 찾아와 계속 설득을 했다. "당신이 틀림없이 왕자다. 증명해 보이라면 증명할 수 있다. 원한다면 즉시 왕자의 옷도 입혀드릴 수 있다. 이 말 위에 태워 모시고 갈 수 있다"

그러나 거지가 된 왕자는 자신이 왕자라는 사실을 감히 인정할 용기를 내지 못했다. 날마다 극구 부인했다. 그렇게 설득을 당하던 어느 날 왕자는 신하의 말을 믿어 보기로 했다.

"좋아요! 내 인생의 운명을 맡겨 보겠어요. 당신의 말이 사실인지 아닌지 두고 보기로 하지요."

왕자는 왕자의 옷을 입고 말에 올라탔다. 그러자 신하들이 즉시 모여들어 그에게 예를 올렸다. 그 순간 그는 조금 믿는 듯했다. 그러나 완전히 믿는 게 아니어서 어떻게 해야 그를 왕궁으로 데려갈 수 있을지 신하들은 걱정이 많았다. 왕자가 거지 습성으로 인해 고개를 들고 사람들을 바라보지도 못했기 때문이다. 그러자 신하들은 왕궁에 도착하는 대로 예절부터 모든 것을 배우면 된다고 말했다. 그래도 왕자는 자신감을 가질 수 없다고 말했다.

누구든지 이런 이야기를 듣는다면 거지가 된 왕자가 참 많은 마음 경계와 갈등을 겪었을 것으로 생각할 수밖에 없다. 거지가 된 왕자를 통해 마음 경계와 갈등을 어떻게 풀어내야 하는지 궁구할 수 있다.

이렇듯이 본래의 마음을 잃어버리면 자기를 회복하는 데 많은 문제가 발생한다. 하지만 어떠한 상황에 부닥쳤든지 자기 자신의 훌륭한 마음을 되찾는 사람이 되어야만 행복한 삶을 살게 된다는 사실을 잊지 말아야 한다.

4) 마음 경계를 멈추며 깨닫는 비움의 지혜

고대 마케도니아의 알렉산더 대왕(기원전 356~323)은 그리스에서 페르시아, 인도에 이르기까지 드넓은 대제국을 건설했다. 그러나 알렉산더 대왕은 불안과 갈등에 시달렸다고 한다. 반면 그와 같은 시기에 살았던 철학자 디오게네스는 가진 게 아무것도 없는데도 매우 평온하게 살았다고 한다.

그런 디오게네스는 모든 것을 다 버린 채 나무통에 들어가 살았다고 전해지고 있다. 그렇지만 얼굴에는 항상 밝은 미소를 띠고 있었다.

넓은 땅을 정복해도 늘 마음이 허전했던 알렉산더 대왕이 어느 날 디오게네스를 찾아가 행복의 비결을 물었다. 그러자 디오게네스는 이렇게 말했다. "폐하! 저는 지금 햇빛을 즐기고 있으니, 햇빛을 가리지 말고 좀 비켜 주십시오" 알렉산더 대왕은 자리를 떠나며 이렇게 중얼거렸다. "아무 걱정 없이 햇빛 한 줄기만으로도 저렇게 감사하고 행복할 수 있다니, 참으로 부럽구나!"

삶을 사는 마음에 어떤 차이가 있었을까?

우리는 뭐든지 가진 것이 많으면 많을수록 우리 마음이 만족하고 행복해질 거라고 착각한다. 하지만 실제로 꼭 그렇지만은 않다. 가진 것이 많을수록 가지고 있는 것을 잃어버릴까 봐 근심이 점점 커지는 사람이 될 수 있다.

소태산 대종사는 인생을 살며 비움의 지혜를 깨달아야 한다고 가르쳤다. 마음은 비우면 비울수록 온갖 갈등과 집착에서 벗어나 평온해질 수 있기 때문이다.

사람들은 저마다의 꿈을 실현하려고 모자란 것을 채우며 살아간다. 하지만 때로는 그 욕구가 너무 지나쳐 자신을 힘들게 할 수도 있다. 이때 필요한 것이 마음을 비워내는 일이다. 더 많이 가지고자 하는 욕심의 마음을 비울수록 미움, 오해, 절망 같은 부정적인 마음도 비워낼 수 있다.

하지만 사람들은 비우는 것에 익숙하지 않다. 빈 땅이 있으면 그 자리에 집과 건물을 지으려고 하고, 항아리나 바구니가 비어 있으면 무엇이든 가득 채우려고 한다. 이렇게 무엇이든지 가득 채워야만 만족스럽게 여긴다.

중국의 철학자 노자는 그릇이 텅 비어 있을 때 그 그릇의 쓸모가 생기는 것이라고 말했다. 수레바퀴도 바큇살 사이에 공간이 있어서 수레를 굴러가게 한다. 우리가 잠자는 방도 빈 곳이 있어야 하고, 항아리나 바구니도 빈 곳이 있어야 그 기능을 발휘할 수 있다.

마음 경계도 마찬가지이다. 비움의 지혜를 들이대면 마음의 경계를 해결하는 길로 나아가는 실행이 된다. 과식하여 뱃속도 너무 가득 차면 좋지 않은 것처럼, 배가 부를 땐 피곤하고 늘어지게 된다. 그러나 위장이 적당히 비어 있으면 몸이 가볍다. 이렇게 비움의 지혜를 아는 노력이 마음 경계를 극복하는 데 있어서 너무나도 중요한 일이다.

근심과 걱정, 불안을 없애고 편안함을 얻고자 한다면 일상생활 속에서 마음을 비우는 노력을 해야 한다. 비어 있음이 지닌 가치를 깨달아야 진정한 마음공부에 이를 수 있다. 마음을 비울수록 갈등과 집착에서 벗어나 늘 행복한 마음공부를 할 수 있다. 마음 경계와 비움은 함께 붙어 다닌다. 마음 경계를 맞을 때마다 평화를 지키려면 마음을 비우는 노력을 해야 한다.

5) 타고난 성격 속 4가지 기질

우리는 유전자가 결정하는 타고난 성격을 지닌다. 신경전달 물질에 따라 기질이 결정된다. 보통 네 가지 기질로 구분한다. 각 기질은 장점과 개성이 있다. 기질마다 좋다, 나쁘다고 할 수는 없다. 도파민이 많이 분비되는 사람은 자극 추구 성향과 외향성外向性을 지니고, 세로토닌이 많이 분비되는 사람은 회피행동을 하는 성향과 내향성內向性을 지닌다.

첫째는 위험회피 기질이다. 이 기질이 높은 사람은 신중하지만 내성적이다. 걱정이 많고 수줍음을 많이 타는 편이라 낯선 곳에 가거나 새로운 사람을 만나면 적응하는 데 시간이 오래 걸린다. 새로운 것을 시도하기보다는 안전하고 익숙한 방법을 택하는 편이다. 단조로운 일이라도 꾸준히 할 수 있는 것은 장점이다. 게다가 조심성이 많으므로 돌다리도 두들겨 보고 건너고, 위험한 상황에서도 규칙을 잘 어기지 않는다.

둘째는 새로움을 추구하는 기질이다. 이런 기질을 가지면 새로운 자극에 호기심이 많고, 무엇이든 몸으로 부딪쳐 도전해 보고 싶어 한다. 적극적으로 낯선 사람과 친해지고, 집단 안에서는 지도력을 발휘한다. 하지만 규칙에 얽매이는 것을 싫어하고 반복적인 일은 쉽게 지루해한다. 그러나 보니 신민하고 인내심이 부족하다.

셋째는 보상의존 기질이다. 주변 사람들의 칭찬과 인정을 받고 싶은 욕구가 강한 기질의 사람이다. 다른 사람들의 감정을 잘 살피고 좋은 관계를 유지하는 경우가 많다. 하지만 과도하게 눈치를 보기 때문에 솔직하게 행동하지 못해 속만 끙끙 앓는 단점도 있다.

넷째는 지속성이 강한 기질이다. 인내심이 강해 집중력이 높다. 무슨 일이든 끝까지 마무리하려고 끈기 있게 노력한다. 미래의 보상을 위해 현재의 불편을 참고 견디는 능력이 뛰어나다. 그러나 융통성과 요령이 부족하다는 단점이 있다. 고집이 너무 센 나머지 완벽주의에 빠져 스스로 만족할 줄 모르게 되기도 한다.

6) 괜찮아 일기

오늘 한 일을 떠올리며 자기 자신을 토닥거릴 시간을 가져야 한다. 이것은 자신에 대한 위로일 뿐 아니라 앞으로 열어 가야 할 장래를 더 밝게 하는 길이기도 하다. 더 큰 감사심感謝心과 희망希望의 마음을 키울 수 있게 해준다.

그 방법은 간단하다.

1. 오늘 겪은 일을 적는다.
2. 그 일을 떠올리면서 어떤 감정이 일어나는지 적는다.
3. 마지막에는 '괜찮아'라고 쓴다.

일기를 쓰는 과정에서는 자신을 포장하거나, 겪게 된 일을 과장하지 말아야 한다. 그럴수록 내면은 더 헝클어지게 된다. 오직 마음 경계가 된 일의 사실적인 반성反省과 성찰省察만이 자기를 성장 발전시킨다. 풀 한 포기, 꽃 한 송이를 키우는 데에도 에너지와 노력이 필요하다. 자존감을 높이는 일도 마찬가지다.

그렇다면 자존감自尊感이란 무엇인가? 자존감의 가장 대중적인 의미는 자아존중감이다. 말 그대로 자신을 얼마나 존중하고 가치 있는 존재로 받아들이는가를 뜻한다.

자존감은 나를 사랑하는 정도나 혹은 자긍심이라고도 말하지만 가장 기본적인 정의는 자신을 어떻게 평가하는가이다. 곧 자신을 높게 평가하는지 또는 낮게 평가하는지에 대한 레벨을 의미한다. 100점 만점에 몇 점이란 점수로 표현할 수 있다. 내가 내 마음에 얼마나 드는가에 대한 답이다. 그러기 위해선 타인의 평가가 아닌 자신의 평가에 집중해야 한다.

자존감에는 세 가지 기본 축이 있다. 그 세 가지란 자기 효능감, 자기 조절감, 자기 안정감이다. 자기 효능감自己效能感은 자신이 얼마나 쓸모 있는 사람인지 느끼는 것을 의미한다. 자기 조절감自己調節感은 자기 마음대로 하고 싶은 본능을 의미한다. 이것이 충족돼야 자존감이 높아진다. 자기 안정감自己安定感은 자존감의 바탕이 된다.

잊지 말아야 할 것은 평가가 아니라 과정에 몰입하는 노력이다. 그러기 위해서는 자신에게 물으며, 더욱더 성장시키기 위해 힘써야 한다.

제1부 마음공부

자존감을 높이기 위해서는 자신이 사회에 필요한 존재라는 믿음이 있어야 한다. 그래서 나는 얼마나 쓸모 있는 사람인가 스스로 묻고 답하며 향상 발전하는 노력이 뒤따르게 하는 일이 무엇보다 중요하다.

7) 자존감을 끌어올리는 5가지 방법

자존감을 향상시키길 원한다면 자기를 믿어야 한다.

첫 번째는 자신을 사랑하기로 결심하기다. 우리는 사랑을 안다. 부모의 사랑을 맹목적이라고 배웠다. 그렇게 아무 대가도 바라지 않고 있는 그대로를 사랑해준다. 이렇게 사랑하면 된다.

사랑은 무슨 조건을 갖추어야 찾아오는 것이 아니다. 미룰 필요도 없다. 사랑 앞에서는 좋고 나쁜 것이 없다. 지금 있는 그대로의 모습을 사랑하면 된다.

두 번째는 자신을 사랑하기다. 언제나 자신을 사랑해도 괜찮다. 이제는 자기 자신을 사랑해도 괜찮다고 받아들여야 한다. 그 믿는 마음으로 자신을 사랑해야 한다. 자기 마음속에서 '나를 사랑하는 나'를 찾는 것이다. 자기 자신을 사랑하기 위해서는 스스로 쌓은 방어벽을 부수어야 한다. 그 빗장 때문에 '자존감이 낮은 나'가 갇혀 있기 때문이다. 본래 마음을 가진 내가 가짜 마음을 가진 나에 갇혀 있다. 그래서 '사랑하는 나'가 보낸 메시지를 받지 못한다. '사랑하는 나'가 보내는 메시지를 들을 수 있도록 변화해야 한다. 그때 비로소 자신을 사랑하게 된다.

세 번째는 자기 스스로 선택하고 결정하기이다. 자신을 존중하지 못하는 사람들은 결정을 앞에 두고 다른 사람을 찾는다. 자신의 판단을 자기 스스로 믿지 못하는 것이다. 완벽한 선택이란 없다. 자기의 선택과 결정을 자기 스스로 믿고 결정할 수 있어야 한다. 결정이 자존감을 좌우함을 잊지 말아야 한다.

네 번째는 지금 여기에 집중하기이다. 과거와 미래도 중시해야 한다. 그러나 더 중요한 것은 지금 여기에 집중하는 자세이다. 모든 해결책은 현재에 있다. 자기 확신이나 긍정적인 태도로써 현재에 집중해야 한다. 문제해결은 현재에 집중하는 데에서 시작한다.

다섯 번째는 패배주의를 뚫고 전진하기이다. 패배주의에 갇힌 사람들은 아무리 자존감을 높이는 방법을 알려줘도 모른다고 한다. 사랑하는 방법을 모르고, 자신의 결정을 존중하는 방법을 모른다. 이런 사람으로 될 필요는 없다.

자존감은 변할 수 있다. 받아들일 준비를 하면 된다. 언제든지 패배주의를 뚫고 전진하기를 망설이지 말아야 한다. 자신을 존중하는 사람들처럼 걸어가면 된다.

8) 마라톤과 에스더

이란은 세계에서 유일하게 마라톤을 금기시하는 나라이다. 이란은 국내에서 마라톤 경기가 열리지 않을 뿐 아니라 해외 마라톤 경기에도 출전하지 않는다. 마라톤의 기원이 이란의 조상인 페르시아가 그리스 연합군에게 뼈아픈 패배를 당한 마라톤 전투에 있기 때문이다.

기원전 490년 마라톤 평원에서 페르시아와 그리스가 맞붙어 싸웠다. 이 전투에서 그리스가 이겼다는 소식을 전한 전령은 아테네까지 쉬지 않고 뛰어간 탓에 숨이 끊어져 죽었다. 그를 기리기 위해 그리스인들은 장거리 달리기 경주를 열고, 마라톤 전투의 이름을 따 마라톤 경주라고 불렀다.

아테네에서 동북쪽으로 30km 떨어져 위치한 지역의 이름인 마라톤에서 패한 페르시아의 왕, 크세르크세스는 구약 성경 중 17번째 책인 에스더서에 주요 인물로 등장하는 아하수에로이다. 아하수에로는 크세르크세스의 히브리식 이름이다.

왜 페르시아 왕이 히브리어로 된 이름을 가졌는지 궁금할 것이다. 그의 아내가 유대인 왕비 에스더였다. 그럼 유대인 왕비 에스더와 어떻게 결혼했을까?

기원전 480년에도 페르시아의 크세르크세스 왕은 군대를 이끌고 그리스로 진격했다. 전쟁 초반까지만 해도 페르시아가 우세인 것처럼 보였다. 페르시아 육군 26만 명과 그리스 연합군 중 스파르타가 맞섰지만 전력의 차가 매우 컸다. 스파르타 왕 레오니다스는 좁은 산길인 테르모필레 계곡에서 보병 7천 명과 정예부대 3백 명으로 치열하게 맞섰다. 스파르타 정예군은 전투 초반 페르시아에 막대한 피해를 주기도 했지만 결국 패했다.

아테네는 승리에 도취한 페르시아 쪽에 첩자를 보내 그리스군은 지금 공포에 질려 있고, 곧 큰 전투가 치러질 살라미스 해협에서도 도망칠 생각밖에 없다는 거짓 정보를 흘렸다. 이에 현혹된 크세르크세스는 비좁은 살라미스 해협에서 8시간에 걸쳐 불리한 전투를 치렀다. 그 결과 그리스군은 380척의 함대만으로 페르시아 함대 1천2백 척 중 2백 척을 포획하고, 2백 척을 격침해 완승했다.

페르시아로 돌아온 크세르크세스 왕은 패전으로 슬픈 와중에 왕비 자리가 공석이라는 것을 공허해 했다. 그래서 국민 중 왕비가 될 사람을 고르다 유대인 에스더를 왕비로 맞이하게 됐다.

당시 유대민족은 페르시아의 지배에 있었기 때문에 아름답고 똑똑했던 에스더가 뽑혔다. 에스더는 핍박받던 유대민족을 지키려는 노력을 많이 했다. 에스더의 삶을 기록한 에스더서는 구약 성경 가운데 아주 독특한 책이다. 하나님의 이름이 한 번도 등장하지 않고 유대민족의 성지인 이스라엘을 배경으로도 하지 않았기 때문이다. 대신 왕비 에스더가 살았던 페르시아 황제의 겨울 궁전 수산궁을 배경으로 하고 있다.

에스더 왕비는 페르시아 귀족 하만이 유대인을 말살하려는 계략을 세운 것을 알아채고 죽을 각오로 크세르크세스 왕 앞에 나아가 하만의 음모를 고발했다. 크세르크세스 왕은 에스더의 말을 들어줘 유대인들의 말살을 막아줬다.

지금도 유대인들은 에스더를 우리나라의 유관순처럼 나라와 민족을 위하여 자기 목숨을 버릴 각오를 가졌던 위인으로 기억한다. 에스더를 기리고 하나님께 감사드리는 유대 명절, 부림절Days of Purim을 통해 감사하고 있다. 부림절 풍속으로는 가난한 사람들에게 돈을 보내거나, 아는 사람 2명 이상에게 음식을 나눠주는 행사가 오늘날까지 이어져 오고 있다.

이처럼 세상을 위해 가치 있는 일을 하고, 그 가치를 인정받는 것이 매우 중요한 선택과 실행임을 알 수 있다. 세상사 성공비결은 이렇듯 단순한 2단 구조이다. 누구나 마찬가지다. 하지만 의미 있는 변화는 혼자 할 수 있어도 인정받는 건 혼자서는 할 수 없다.

자기의 어떤 가치가 높아져 전달될 때마다 그 호응 점수가 실시간으로 드러난다. 관망하며 그 성과를 자신할 때, 비로소 당당히 성취하는 길로 나아갈 수 있다.

성공을 자신하는 모든 일의 문제가 이렇다. 지속적 성취와 성공을 바란다면 현실의 문제를 잘 연구하고, 활용하며, 자기 마음의 힘을 키우는 마음공부를 해야 한다. 그렇게 잘 해결해 가는 과정에서 발현되는 자기 마음의 힘과 밝은 지혜의 힘과 결단 있는 실행의 힘은 정신수양에서 나오고 사리연구에서 나오며 작업취사에서 나온다.

9) 에티오피아 커피

에티오피아 산악지대인 카파에서 양을 치던 소년 칼디가 있었다. 무료하게 시간을 보내던 어느 날, 그는 양들이 갑자기 날뛰는 것을 보고 깜짝 놀랐다. 붉은 열매를 다 먹은 양들이 흥분해서 이리저리 뛰어다니는 게 아닌가? 그도 맛을 봤더니 상큼한 단맛이 났다. 곧 기분이 좋아지면서 가슴이 뛰고 콧노래가 절로 나왔다. 그는 마을의 모스크로 달려가 이 놀라운 사실을 알렸다.

6세기 무렵 에티오피아의 카파에서 우연히 발견됐다는 커피의 기원설이다. 당시 소년의 이야기를 들은 수도사들은 이 열매에 잠을 쫓는 각성효과가 있다는 사실을 알고 매우 기뻐했다. 밤새워 기도하며 맑은 정신을 유지해야 했던 이들에게는 신의 선물로 여겨졌다.

이후 커피는 이슬람의 확장과 함께 터키 등으로 널리 퍼져 나갔다. 술을 못 마시는 이슬람교도로선 커피 속의 최음제 성분에 주목하기도 했다.

커피를 본격적으로 재배하기 시작한 것은 예멘이다. 예멘에서 수확한 아라비아 커피와 에티오피아에서 건너온 아프리카 커피는 이슬람 성지 메카의 해상 관문인 모카항에 모여 유럽 각국으로 수출됐다. 이 과정에서 유럽 사람들은 두 커피를 구분하지 않고 모두 모카라 불렀고, 모카는 커피의 대명사가 됐다. 커피 이름에 예멘 모카, 에티오피아 에카체프 등 국가나 항구, 지명이 들어가게 된 것은 한참 뒤였다.

커피는 여러 문화권으로 전파되면서 다양한 맛과 향으로 거듭났다. 이탈리아의 에스프레소는 고온에서 급속하게 뽑아낸 커피로 빠르다는 말에서 나왔다. 여기에 우유를 섞은 것이 이탈리아의 카페라테, 프랑스의 카페오레다. 카푸치노는 프란치스코 수도회의 카푸친파 소속 사제의 색깔에서 유래했다. 원두를 갈아 여과지에 넣고 물을 부어내려 마시는 드립커피는 최근에 등장한 것이다.

가장 흔한 아메리카노는 에스프레소에 물을 타서 마시는 것으로 2차대전 때 미군이 배급받은 커피를 최대한 많이 마시기 위해 물을 탄 데서 비롯됐다. 미국 독립 전쟁의 도화선이 된 보스턴 차 사건과도 관련이 있다. 사람들이 한 커피점에서 이를 모의했는데 이를 계기로 차는 영국 식민지의 상징, 커피는 독립의 상징이 됐다고 한다.

세계로 뻗어가던 모카항은 19세기 이후 쇠락하고, 아라비아 커피의 명성도 중남미에 밀려 옛날 같지 않다. 그러나 커피의 본향인 에티오피아에서는 관련 산업이 기지개를 켜고 있다고 한다. 가난의 유산이던 수작업 농법 덕분에 유기농 커피 산업이 부쩍 커졌다고 하니 더욱더 흥미롭다.

10) 삼총사

삼총사는 17세기 프랑스 시골 출신 하급귀족 달타냥이 세 명의 총사銃士인 아토스, 포르토스, 아라미스와 뭉쳐 리슐리외 추기경의 음모에 맞서는 모험 이야기이다. 달타냥은 왕을 지키는 총사대 삼총사와 합심하여 리슐리외 추기경의 근위대를 물리치고 왕 루이 13세에게 인정받게 된다.

그러나 삼총사에 등장하는 아토스, 포르토스, 아라미스 세 명의 총사는 직책만 총사일 뿐, 소설 안에서 총보다는 칼로 적과 싸운다.

1625년 4월 첫째 월요일, 달타냥이 볼품없는 누런색 조랑말을 탄 채, 출세의 꿈을 안고 파리로 향한다. 달타냥은 파리에 도착하면 총사들의 군대인 총사대에 시험을 볼 예정이었다. 달타냥의 아버지가 총사대의 대장 트레빌과 잘 아는 사이였기 때문이다. 달타냥의 품 안에는 아버지가 써 준 소개장이 한 통 있었다. 하지만 상경 첫날부터 일이 꼬인다. 행색을 비웃는 의문의 사나이를 만나 이 소개장을 빼앗긴다.

총사대장을 찾아간 달타냥은 소개장이 없으니 총사대에 받아 줄 수 없다는 거절의 말을 듣는다. 설상가상으로 아토스, 포르토스, 아라미스 세 명의 총사와도 사소한 일로 시비가 붙어 세 명의 총사와 세 번의 결투를 벌여야 할 판이였다. 그렇게 아토스와 결투를 시작하려는 순간, 총사대와는 견원지간犬猿之間인 리슐리외 추기경을 호위하는 근위대가 나타난다.

달타냥은 순발력을 발휘해 삼총사와 힘을 합쳤고, 근위대의 우두머리에게 치명상을 입힌다. 이 일로 달타냥은 삼총사와 끈끈한 우정을 나누게 된다.

이를 계기로 프랑스 왕 루이 13세와 총사대장 트레빌도 달타냥을 주목하게 된다. 그러나 리슐리외 추기경은 계속 대립하게 되고, 그 과정에서 달타냥은 뛰어난 실력을 인정받고 총사대의 부관으로 임명된다.

가난한 시골 청년이 귀족들과 어깨를 나란히 할 만큼 성공한다는 이야기는 당시 평범한 사람들에게 엄청난 인기를 끌었다고 한다. 독자들은 성공과 모험에 대한 욕망을 알렉상드르 뒤마의 소설 속 달타냥을 통해 해소했다.

11) 믿음을 주는 친구

다몬과 피디아스의 이야기가 있다.

기원전 5세기 고대 그리스의 피디아스는 왕에게 항명의 말을 했다는 이유로 사형당할 처지에 놓이고 말았다.

피디아스는 죽기 전에 가족과 작별 인사를 하게 해 달라고 애원했지만 흉포한 왕은 허락하지 않았다. 이때 피디아스의 친구인 다몬이 왕에게 말했다. "피디아스가 돌아올 때까지 대신 감옥에 갇혀 있겠습니다. 만일 피디아스가 돌아오지 않는다면 대신 사형을 당해도 좋습니다" 피디아스는 다몬에게 고맙다는 인사를 전하고 가족과 만나러 갔다.

그런데 사형 집행일이 되어도 피디아스가 돌아오지 않았다. 사람들은 피디아스가 도망을 쳤다며 다몬을 조롱했다. 하지만 다몬은 사형장에 끌려가면서도 피디아스가 돌아오리라는 것을 의심하지 않았다. 마침내 다몬이 사형대 위에 올라서는 순간 멀리서 피디아스가 달려왔다.

나중에 알고 보니 피디아스는 친구와의 약속을 지키기 위해 폭풍을 뚫고 오느라 늦은 거였다. 끝까지 친구를 의심하지 않은 두 사람의 믿음과 우정에 왕은 감탄했다. 그리고 그들에게 사형을 면제시켜 주었다.

고대 그리스의 철학자인 세네카는 "용기는 그대를 별로 인도하고, 두려움은 그대를 지옥으로 인도한다."라고 말했다. 이렇게 나를 믿어주는 단 한 사람의 친구만 있어도 인생은 성공한다. 그러나 한 사람의 굳은 믿음을 얻기도 절대 쉽지 않다. '믿었다가 배신당하면 어떻게 하지?' 이런 생각이 가장 큰 장애물이다. 하지만 피디아스와 다몬은 진정한 우정을 통한 믿음을 가졌다고 할 수 있다. 때로는 두려움을 무릅쓰고 자기 소신을 떳떳하게 밝혀야 한다.

아무도 믿지 못하는 사람은 다른 사람의 믿음을 먼저 얻지 못한다. 하루하루 시간이 흐르다 보면 그 믿음이 흔들릴 때가 많다. 그러나 친구와의 올바른 믿음을 변치 않고 꾸준히 간직하는 일은 굉장히 필요한 일이다. 이런 노력이 조금씩 쌓일수록 삶은 풍요로워진다. 서로 간의 믿음이 마음에 안정감을 주고, 삶의 의미가 쌓이게 되기 때문이다.

12) 감사 일기

어떠한 일이든지 실행할 수 있었음을 감사하면 그것이 참 감사한 일이 된다. 정말 좋은 일이 되는 것이다. 그렇게 감사한 마음으로 세상을 내려다보고, 탐하고 싶은 욕망을 다독이면, 그 즐거움과 경이로움을 생생히 느낄 수 있다. 자기 자신이 사랑스러워진다. 비정상적인 반응이라도 정상적인 사실로 인정할 수 있는 마음의 힘과 그 감사함이 이해되고, 조절되기 때문이다.

아토피Atopy는 '부적절한' 혹은 '기묘한'이란 뜻의 그리스어에서 유래하여, 정상인에게서는 볼 수 없는 비정상적인 알레르기 반응을 의미한다. 이런 알레르기 반응처럼 어떤 비정상적인 인간관계나 그 결과도 이해하고 조절하며 감사할 수 있게 된다.

이럴 때 비로소 날마다 신선하게 밀려오는 흙냄새와 알싸한 밤바람을 참으로 기쁘게 느낄 수 있다. 그 기쁨과 감사함, 그리고 삶의 만족감이 맑고 밝은 기운을 갖게 해준다. 항상 일상의 새로움을 맞는 심리적인 여유도 가질 수 있다.

이런 사실을 감사하는 일기를 쓰다 보면 아무러한 조건 없이 서로 아끼고, 배려하며, 감사해하는 마음에 참 행복이 깃듦을 알게 된다. 그렇게 날마다 크게 웃을 수 있다. 앞뒤가 안 맞는 일들로 엉망으로 뒤섞여 살지도 말고, 도

시의 넌자처럼 살지도 말고, 감사 일기로 들여다본 나를 생각하며 날마다 기쁘게 살아야 한다.

13) 마음먹기에 따라 미래가 바뀐다

한 나그네가 당나귀와 개를 데리고 여행을 가다 날이 저물었다. 마침 여행자 숙소가 보여 하룻밤을 묵게 되었다. 나그네는 당나귀를 기둥에 묶어 두고, 개는 목줄을 메어 밖을 지키게 했다. 그런데 다음 날 일어나 보니, 개는 맹수한테 물려 죽어 있었고, 당나귀는 온데간데없었다.

하룻밤 사이에 너무나 불행한 일이 닥친 거다. 나그네는 혼자 길을 떠날 수밖에 없었다. 떠나면서 생각했다. 나는 왜 이리 운이 없을까, 아끼던 당나귀와 개를 모두 잃었다고 슬퍼했다.

나그네는 당나귀가 없이 다음 마을에 도착했다. 그런데 어찌 된 일인지 마을은 온통 잿더미로 변해있었다. 상처를 입은 마을 사람들을 만나 물었더니, 간밤에 산적들이 마을에 들이닥쳤다고 말했다. 나그네는 자신의 처지를 위안할 수 있었다. 당나귀가 있었다면 더 빨리 마을에 도착했을 것이고, 그러면 산적들과 마주쳤을 것이기 때문이다.

사람들은 누구나 안 좋은 일을 당하면 크게 실망하기 마련이다. 하지만 당장 눈앞에 벌어지고 있는 상황을 나쁜 일이라고 딱 잘라 말할 수 없다. 왜냐하면 지금 당장은 나쁜 일처럼 보여도 좋은 결과로 이어질 수 있는 일이 많다.

발명왕 토머스 에디슨은 다른 아이들처럼 학교에 적응하기가 쉽지 않았다. 하지만 에디슨은 낙망하지 않고 혼자서 수많은 과학책을 읽으며 발명에 대한 꿈을 키웠다. 그리고 마침내 세계적인 발명왕이 됐다.

훗날 에디슨은 우리 마음이 지옥을 천국으로 만든다는 격언을 남겼다. 아무리 힘든 일이 닥쳐도 어떻게 마음먹느냐에 따라 미래가 바뀔 수 있다는 뜻이다.

긍정의 힘을 내야 한다. 행복할 때보다는 힘들고 어려운 일이 닥쳤을 때, 더더욱 가치를 발휘하는 것이 긍정의 힘임을 아는 사람이 되어야 한다.

14) 간직하고 싶은 얼굴

오래 간직하고 싶은 지금의 모습은, 반쯤 엄마를 반쯤 아빠를 닮았다. 보고만 있어도 즐거운 시간이 지나간다. 어릴 적에 찍은 돌 사진이 남아있다면 그 사진을 보는 것만으로도 흘러간 추억들이 되살아난다. 크면서 얼굴이 몇 번은 변한다지만 그 옛날을 마냥 그리워하기도 한다.

웃는 얼굴도, 우는 얼굴도 모두 모두 남겨두고 싶어진다. 햇살처럼 밝은 지금의 웃음을 거울로 볼 때는 평생 간직하고 싶은 마음이 들기도 한다. 온종일 아무런 문제에도 부닥치지 않는다면 그 행복이 춤을 추게 한다.

하지만 하염없이 흘러가는 시간 속에서 간직하고 싶은 얼굴을 만들려면 더욱더 적극적인 마음공부를 해야만 한다. 남들과 대등하게 견줄 수 있는 보다 다양한 지식을 가졌는지, 그렇게 남보다 더 열심히 일하는지, 남보다 큰 기대를 하고 있지는 않은지 성찰하며 지속적인 기쁨을 얼굴에 보낼 수 있어야 한다.

긴 설명이 필요 없다. 날마다 만나며, 보는 사람들을 사랑하지 못한다면 어려운 일일 수도 있다. 사람들 모두 세상을 바꾸려 들지만 자신을 바꾸려는 생각은 하지 않기 때문이다. 아무나 믿는 것은 위험한 짓이지만, 그렇다고 아무도 못 믿는 것은 더욱 위험한 짓임을 알아 간직하고 싶은 얼굴을 가꾸어야만 한다.

인생에 있어 실패를 한 번도 안 해본 사람은 없을 것이지만, 새로운 시도를 한 번도 해 보지 않은 사람이 되어서는 안 된다. 그러므로 믿음을 깊게 하며, 약속을 지키는 사람이 되고, 인간관계를 원만히 하면서, 상대의 마음을 얻는 노력을 해야만 된다. 이 네 가지가 자기 마음속에서 깨질 때 큰 소리는 나지 않지만, 간직하고 싶은 얼굴을 만드는 일이 자신에게서 멀어질 수 있다는 사실을 유념해야 한다.

15) 묵은 습관을 고치자

습관習慣이란 같은 상황에서 반복된 행동의 안정화 또는 자동화된 수행을 말한다. 좁은 의미로는 반복에 의한 근육 운동이나 건腱 운동이 정형화되는 것을 말하지만, 주기적으로 반복하는 식사나 수면 습관, 풍속·문화 등 넓은 관습에 대해서도 습관이라고 한다.

습관이란 정형적이며 자동으로 발생하는 반응이라는 점에서 자유로이 변화하는 의도적意圖的 반응과 구별된다. 또한 습관은 습득習得된 결과라는 점에서 선천적 반응과 구별된다. 술·담배 또는 특정 약물의 상용常用이나, 열대·한대에서의 장기 생활, 우주 비행에서의 기압이나 무중력상태에 대한 적응 등 특수한 외적인 상황에 대한 반응의 정형화는 '순화馴化'라고 하여 습관과 구별한다.

습관형성은 조기早期에 행하는 것이 중요하다. 그러므로 유아기가 습관형성의 적합한 시기로 본다. 기본적인 생활습관, 사회적인 습관은 부모의 좋은 모범으로 형성된다. 이것은 넓은 의미에서 볼 때 학습의 결과이며, 경험의 반복과 생활의 욕구충족이 그 조건이 된다. 습관형성과 조건형성은 흔히 동의어同義語로 사용된다.

누구든지 한때는 묵은 습관이 있었다. 묵은 습관을 고치는 일은 자기의 삶을 더 건강하고 조화롭게 살게 하는 근원의 자세였다. 그래서 성장 발전의 의지가 강한 사람들이 마음에 품고 실행하는 일이었다.

어떻게든지 묵은 습관을 고치는 일로 자신을 더 개선하려는 생각이 있는 사람들에게 꼭 필요한 말이다. 실행에 대한 용기와 희망을 품어야 한다. 이런 마음의 파동은 우리 몸의 모든 세포에 즉각적으로 영향을 미치기 때문이다.

하나의 예를 들어 생각해 본다. 말을 험하게 했던 사람이 편안한 말을 하게 됐을 때, 그 말은 함께 하는 사람들의 기분을 좋게 하고 몸을 편하게 하는 데 영향을 줬다. 나아가 긍정적인 말을 계속 이어가면 부정적인 말을 할 때보다 그 편안함에 감사하며 기쁨을 더 크게 느낀다.

이렇게 거친 말을 부드럽게 하는 것만으로도 함께 하는 사람들이 긍정하며 편안해지는 마음이나 분위기를 만드는 디딤돌 역할을 한다. 어떻게든지 묵은 습관을 고치며 더 가치 있게 세상을 산다는 자존감을 가져야 한다. 이런 역량을 어떻게 갖추고, 어떻게 성장하느냐에 개개인들의 미래가 달려 있다. 모두가 관심을 가져야 할 아주 중요한 일이다. 참으로 절실한 일이다.

16) 네 덕, 내 탓

기쁨은 우리의 삶에 있다. 용서하고 감사하며 선을 베풀 때, 봉사 생활을 실천하며 쓸모 있게 변화할 때 더 기쁘다.

살다 보면 이런 기쁨 외에도 분노나 슬픔이 밀려온다. 그러나 어렵고 시끄러운 상황일수록 부동不動의 중심을 놓지 않아야 한다. 기도하는 것이 힘의 원천이 된다.

행복한 일보다 불행한 일이 많다고 말하는 사람도 있다. 하지만 사람마다 생각하는 기준이 다르며, 정도와 크기 또한 개인의 잣대에 맞추어진 결과가 된다. 같은 기준에서도 어떤 사람은 행복하다고 말한다.

인생은 희로애락喜怒哀樂의 연속이다. 고진감래苦盡甘來, 호사다마好事多魔, 새옹지마塞翁之馬를 지각하며 다시 일어나 열정을 불사르는 삶을 생각하게 된다. 돌고 도는 회전목마처럼 인생을 즐기며 살아야 한다.

행복한 순간만을 기억하며 살기에도 바쁘다. 그러므로 '나는 행복합니다. 나는 행복합니다! 정말 정말 행복합니다!'를 외치며 살아가는 기쁨을 배가시켜야 한다.

긍정적인 생각을 하며 살아야 한다. 남 탓을 하기보다는 내 탓이라는 생각을 하며 살아야 더 행복해진다. 하지만 네 덕, 내 탓을 자각하기까지가 문제이다.

자존감 높은 마음공부를 지향해야 한다. 복잡한 일일지라도 척척 해결해내는 사람이 되어야 한다. 시간이 흐를수록 신뢰감을 더해주는 사람이 되어야 한다. 자기계발에 힘써야 한다. 매사 이렇게 자기를 보는 것도 꽤 괜찮은 일이다.

문제를 보는 시각은 다양하다. 그래서 자신과 다른 생각을 존중하는 태도를 보여야 한다.

17) 희로애락

기쁘고 화나고 슬프고 즐거운 일, 세상을 살아가면서 겪게 되는 갖가지 일을 통하여 느끼는 모든 감정을 흔히 네 가지로 말한다. 소태산 대종사는 "정신의 수양력으로도 애착 탐착이 거의 떨어져서 희로애락과 원근친소에 끌리는 바가 드물다"라고 하여 정신수양이 되면 희로애락에 끌리지 않는 것으로 보았다. 또한 정산 종사는 항상 나라는 상相이 가운데 있어서 시비를 제대로 알지 못하는 사람이 자타 없이 밝히는 방안에 대하여 "희로애락에 편착하지 아니하며, 마음 가운데에 모든 상을 끊어 없애면 된다."라고 했다.

그러나 소태산은 희로애락을 없애는 대상으로 삼는 것은 경계하고 있다. "나는 그대들에게 희로애락의 감정을 억지로 없애라고 가르치는 것이 아니라, 희로애락을 곳과 때에 마땅하게 써서 자유로운 마음 기틀에 걸림 없이 운용하되 중도에만 어그러지지 않게 하라."라고 하였다. 이를 보면 희로애락의 감정을 없애기보다는 걸림 없이 중도로써 운용할 것을 당부하고 있다.

18) 새옹지마

중국 국경 지방에 한 노인이 살고 있었다. 그러던 어느 날 노인이 기르던 말이 국경을 넘어 오랑캐 땅으로 도망갔다. 이에 이웃 주민들이 위로의 말을 전하자 노인은 "이 일이 복이 될지 누가 압니까?" 하며 태연자약泰然自若했다.

그로부터 몇 달이 지난 어느 날, 도망갔던 말이 암말 한 필과 함께 돌아왔다. 주민들은 "노인께서 말씀하신 그대로입니다" 하며 축하하였다. 그러나 노인은 "이게 화가 될지 누가 압니까?" 하며 기쁜 내색을 하지 않았다. 며칠

후 노인의 아들이 그 말을 타다가 낙마하여 그만 다리가 부러지고 말았다. 이에 마을 사람들이 다시 위로하자 노인은 역시 "이게 복이 될지도 모르는 일이오" 하며 표정을 바꾸지 않았다. 그로부터 얼마 지나지 않아 북방 오랑캐가 침략해 왔다. 나라에서는 징집령을 내려 젊은이들이 모두 전장에 나가야 했다. 그러나 노인의 아들은 다리가 부러진 까닭에 전장에 나가지 않아도 되었다.

이로부터 새옹지마란 고사성어가 생겨났다. '인간만사 새옹지마人間萬事塞翁之馬'는 '인간 세상에서 일어나는 모든 일이 새옹지마니 눈앞에 벌어지는 결과만을 가지고 너무 연연해하지 말아라.'라는 뜻이다.

19) 야심 찬 목표

자기 존재감을 고양하는 마음공부를 하며 성공하는 길을 가야 한다. 보다 더 크고Big, 도전적이고Hairy, 대담한Audacious, 목표Goal를 실천해야 한다. 야심 찬 목표BHAG는 나아 갈 길을 가리키는 나침반이 된다. 모든 영광의 조건이 자기 자신에게 부여되어 있음을 알고, 감사 생활로 이런 기운을 북돋아야 한다.

Big. 작은 것이 큰 것이 된다. 억만금億萬金도 한 푼부터 시작하고 한 방울의 물이 모여 대해장강大海長江을 이룬다. 남들이 코웃음 칠 정도로 야심 찬 목표를 설정한 뒤 실천해야 한다. 무엇이 자신감을 불러일으키고 무너뜨리는지 확실히 느끼게 된다. 이리되면 보다 큰 생각과 실행이 얼마나 중요한 일인지 깨달으며 노력하게 된다.

Hairy. 도전挑戰은 정면으로 맞서 싸움을 거는 거다. 어려운 사업이나 기록

경신 따위에 맞섬을 말한다. 이제 자신의 본 모습을 깨달아야 한다. 지식을 머리로만 알고 실행하지 못하는 자기 모습을 알아차리는 사람은 어떻게 할까 고민하며, 시간이 흘러 지나가도록 그냥 놔두기만 하지는 않는다. 도전한다. 도전해야 한다. 마음이 불안하거나 걱정되거나 두려움이 찾아오는 것을 극복할 마음으로 도전해야 한다.

Audacious. 대담大膽이란? 마음의 담력이 크고 용감한 것이다. 이렇게 마음공부를 하면 할수록 자기의 결점이 무엇인지, 무슨 결점이 극복되었는지도 함께 인식하게 된다. 괴로움의 근원에 집착하며 분별하고 주착하는 것이 잘못된 것임을 알게 되고, 그런 마음들을 내려놓게 된다. 참으로 행복해지는 생활과 행복한 생활을 늘 추구하게 된다. 그렇기에 자신뿐 아니라, 모든 사람에게 은혜가 가득하기를 기원하는 기도도 가능해진다. 이렇게 어떤 일이 힘들어도 이겨내고, 또는 철저하게 자신을 마음으로부터 성장시키는 것이 바로 불성佛性을 밝히는 일이 된다. 항상 온전한 나를 찾고, 찾는 길로 나아가게 된다.

Goal. 어떤 경기든지 몸과 마음의 격투 끝에 얻는 게 골이다. 앞으로도 더 좋은 목표를 이루기 위해 마음에 공들이고, 그 일 그 일에 공들이고, 만나는 인연마다 공들여야 한다. 모든 일과에 처처불상處處佛像과 사사불공事事佛供의 마음을 들이대며 지속해야 한다. 우주 만유가 소중한 은恩의 관계임을 깨달아야 한다. 그 체험적 기쁨을 함께 공유하고 나누며 성공의 길로 나아가야 한다.

20) 용심법

용심법用心法이란 마음을 잘 사용하는 법, 즉 자기 마음을 법도 있게 사용하는 방법을 말한다. 사람이 마음을 어떻게 사용하느냐에 따라 인과관계상의 환경과 일의 진행 방향이 좌우된다.

곧 아무리 좋은 환경이라도 그 사용하는 마음이 바르지 못하면 그 환경이 도리어 죄업을 돕지 아니하는가. 그러므로 천하에 벌어진 모든 바깥 문명이 비록 찬란하다 하나 오직 마음 사용하는 법의 조종 여하에 따라 이 세상을 좋게도 하고 낮게도 하나니, 마음을 바르게 사용하면 모든 문명이 다 낙원을 건설하는 데 보조하는 기관이 되는 것이요, 마음을 바르지 못하게 사용하면 모든 문명이 도리어 도둑에게 무기를 주는 것과 같이 된다.

물질, 환경, 문명은 마음 사용하는 법에 따라 인간의 삶에 이해利害 선악善惡과 고락苦樂을 가져다준다. 따라서 '천만 경계에 항상 자리이타로 모든 것을 선용善用하는 마음의 조종사'가 되는 용심법을 배우고 익히며 여러 사람에게 교화하여 물심양면으로 한 가지 참 문명 세계를 건설하는 데 노력하라고 말한다. 이러한 까닭에 소태산은 원불교를 통해 배우는 공부가 '마음 작용하는 법'이라고도 하였다.

이를 구체적으로 "지식 있는 사람에게는 지식 사용하는 방식을, 권리 있는 사람에게는 권리 사용하는 방식을, 물질 있는 사람에게는 물질 사용하는 방식을, 원망 생활하는 사람에게는 감사 생활하는 방식을, 복 없는 사람에게는 복 짓는 방식을, 타력 생활하는 사람에게는 자력 생활하는 방식을, 배울 줄 모르는 사람에게는 배우는 방식을, 가르칠 줄 모르는 사람에게는 가르치는 방식을, 공익심 없는 사람에게는 공익심이 생겨나는 방식을 가르쳐준다."라고 한다. 마음을 바르게 사용함으로써 '모든 재주와 모든 물질과 모든 환경을 오직 바른 도로 이용하도록' 가르치는 공부이다. 마음을 잘 사용하는 법을 실천하여 개인적으로는 지혜와 복을 얻고 나아가 사회와 문명을 발전시켜 낙원을 이룰 수 있도록 하자는 것이다.

장기적 안목으로 자신의 미래까지 밀리 바라보는 마음공부, 신속한 결정을 내리는 현실의 마음공부, 눈에 띄는 행동에 관해 관심을 증대시켜 바로 조화롭게 하는 마음공부, 실패에서 지혜를 구해 다시 용기를 내는 마음공부가 되게 자신의 마음공부 실행력을 북돋우며 용심법을 활용해야 한다.

21) 선

마음공부와 눈앞의 불만을 털어내지 못하는 일상의 일이 둘이 아니라 결국 하나라는 것을 알아야 한다. 주어진 일과를 잘 처리하고 사는 게 마음공부를 잘하는 길이 됨을 참으로 인식해야 한다. 그럴 때마다 오롯한 심신이 갖춰진다.

물질의 풍요만을 삶의 가치와 행복의 기준으로 생각하고 살아가면 일종의 기득권 구조가 형성돼 때로는 고치기 힘들어지는 경로 의존성을 갖는다. 그러나 인간의 심성을 본질적으로 이해할 수 있다면 경쟁, 분열, 갈등으로 인한 스트레스 증후군을 스스로 해소할 수 있다. 내적인 통찰을 통해 마음의 평화를 얻고, 현실의 고통 문제를 스스로 해결하고 치유할 수 있기 때문이다. 그래서 조급하고 안 된다고 생각하는 패배주의 퇴굴심을 버려야 한다.

오롯한 심신을 가지기에 힘써야 한다.

그 하나의 방법인 선禪에 대해 알아보자. 선은 마음을 가다듬고 정신을 통일하여 적적성성寂寂惺惺의 진경에 다다르는 수행법이다. 적적은 고요하고 고요하여 일체의 사량 분별·번뇌 망상이 텅 비어버린 경지요, 성성은 소소영령昭昭靈靈한 것이다. 소소영령하다는 것은 마음이 깨어 있어 밝고 신령스러운 것을 묘사하는 용어이다. 또 적적은 진리의 체體, 성성은 진리의 용用, 적적은 진공, 성성은 묘유, 적적은 공적, 성성은 영지로도 이해할 수 있다. 신심일여身心一如의 입장에서 일상생활 속에서 정신을 집중하여 해탈의 생활을 실현하고자 하는 방법으로 활용됐다. 이런 선 수행의 중심축은 지止와 관觀이다.

이런 이유로 달마 이후 조사들은 벽관壁觀을 했다. 이른바 행行·주住·좌坐·와臥의 활선수행活禪修行을 추구했다. 외부로부터의 객진客塵과 작위적 망념作爲的妄念이 침입하지 못하도록 해야 지止와 관觀을 수월히 하며 본래의 청정한 마음을 얻을 수 있기 때문이다.

휴휴암좌선문休休庵坐禪文에 잘 나타나 있다. 휴휴암좌선문은 중국 원元나라 말기의 선승인 몽산 덕이蒙山德異가 지은 글이다. 그는 아름다운 물과 정원의 도시로 동양의 베니스[베네치아]라 불리는 장쑤성江蘇省 쑤저우蘇州 평강平江에 휴휴암休休庵을 짓고 활선의 참 면목을 드러내며 선풍을 크게 떨쳤다고 한다. 그 후에 고려의 나옹 혜근懶翁慧勤이 연경에 오래 머물다가 거기에 가서 한여름 선을 나고 이 글을 얻어 귀국했다고 한다.

선수행禪修行은 수승화강水昇火降의 이치를 기본적으로 활용한다. 수승화강은 물기운을 오르게 하고 불기운을 내리게 한다는 뜻이다. 하단전下丹田인 신장은 뇌수腦髓를 기르고 생식生殖에 관련되며 물기운이 머물고, 중단전인 심장은 혈맥과 심근心根의 중추로 불기운이 머무는데, 호흡과 정신 집중에 의해 뜨겁고 탁한 불기운을 내리고, 차고 맑은 물기운을 올린다. 이를 통해 번뇌를 가라앉히고 심신을 고요하고 안정되게 한다.

그러기에 소태산 대종사는 수승화강의 이치를 묻는 제자의 질문에 "물의

제1부 마음공부

성질은 아래로 내리는 동시에 그 기운이 서늘하고 맑으며, 불의 성질은 위로 오르는 동시에 그 기운이 덥고 탁하나니, 사람이 만일 번거한 생각을 일어내어 기운이 오르면 머리가 덥고 정신이 탁하여 진액津液이 마르는 것은 불기운이 오르고 물기운이 내리는 연고이요, 만일 생각이 잘사며 기운이 평순平順하면 머리가 서늘하고 정신이 명랑하여 맑은 침이 입속에 도나니, 이는 물기운이 오르고 불기운이 내리는 연고니라."라고 답했다.

22) 수승화강

옛 의학서에는 수승화강水昇火降이 잘 돼야 음양의 균형이 이루어지고 몸의 생리적 기능이 정상적으로 유지된다고 했다. 하단전下丹田인 신장은 뇌수腦髓를 기르고 생식生殖에 관련되며 물기운이 머무는 곳이며, 중단전인 심장은 혈맥과 심근心根의 중추로 불기운이 머무는 곳이다. 호흡과 정신 집중으로 뜨겁고 탁한 불기운을 내리고 차고 맑은 물기운을 끌어올려야 한다. 동의보감에서 두한족열頭寒足熱이 무병장수의 비법이라고 하는 것도 수승화강의 원리라고 한다. 부모가 아기를 키울 때 한여름이라도 머리는 차가운 곳에 두게 하고 아랫배에 수건 한 장이라도 덮어 주었던 게 수승화강의 지혜. 머리는 차갑게 가슴은 뜨겁게 해야 한다는 가르침은 다 이런 연유에 기인하였다.

그렇다면 수승화강의 능력은 어떻게 증장하는가? 먼저 단전호흡을 해야 한다. 들숨은 좀 길게 날숨은 좀 짧게 하는 단전호흡이 잘 되는지 의식을 집중한다. 그 숨이 체화의 정도를 따라 한계적인 간격으로 지속하도록 끊임없이 알아차린다. 이 세 가지 능력이 갖추어지면 수승화강의 능력이 발휘된다. "소태산 대종사는 살성은 특별히 부드럽고 윤활하시나 피부에 탈이 나면 잘

낮지 아니하시었으며, 단전에는 작은 주발 뚜껑 하나 엎어 놓은 것같이 불룩한 언덕이 져 있었다."라고 대산 종사가 법문한 바 있다.

늘 한결같은 건강을 유지하기 위해서는 몸 안의 수승화강이 항상 순조로워야 한다. 몸 안에서 물기운을 담당하는 신장과 불기운을 담당하는 심장이 제 기능을 하면 신장의 물기운이 위로 올라가고, 심장의 불기운이 아래로 내려와 항상 머리가 시원하고 아랫배와 발이 따뜻한 건강 상태가 된다.

23) 동정일여

동정일여動靜一如는 원불교 표어의 하나이다. 항상 동과 정이 한결같음을 말한다. 동정간動靜間의 불리자성不離自性 공부이다. 일이 있을 때나 없을 때나 끊임없이 참된 마음을 지키는 공부를 말한다.

일하면서 육근六根을 활발하게 사용할 때나 일이 없어 한가할 때나 항상 청정하고 지선至善한 본래 마음을 잃지 않는 공부를 하는 수행법이다. 동은 몸과 마음을 작용하여 일을 처리해 가는 것을 말하며, 정은 일이 없을 때를 이름이며, 일여는 한결같음을 의미한다. 어느 때 어느 곳에서나 삼학 수행三學修行의 표준을 놓지 않고 삼대력三大力을 얻어 나가는 무시선無時禪의 실천 강령이다. 동과 정은 심신작용에 대한 양면적 표현이다. 우리의 본성은 동이라 할 수도, 정이라 할 수도 없는 본래 그대로이나 육근을 사용하는 측면에서 보면 동정으로 구분하여 설명할 수 있다.

일여는 참 마음, 본성 그대로의 마음으로 궁극의 진리와 내가 하나가 되고, 도道와 내가 하나가 된다는 의미를 함축하고 있다. 동정일여의 공부는 마음이 작용하고 몸을 사용할 때나 조용히 일이 없을 때나 항상 가리거나 기울

어짐이 없이 본연의 성품을 온전히 지키는 공부이다. 일이 없을 때는 성품의 본연 청정함에 머물며, 일이 있을 때는 성품의 본연이 그대로 드러나도록 마음과 몸을 사용하여 도를 떠나지 않는 공부이다.

'마땅히 진공眞空으로 체를 삼고 묘유妙有로 용을 삼아 동動하여도 동하는 바가 없고 정하여도 정하는 바가 없이 그 마음을 작용하는 것'이라고 하였다. 이렇게 되면 동하여도 분별에 착着이 없고 정하여도 분별이 절도節度에 맞아 육근의 동정 모두가 다 공적영지의 자성에 부합되지 않는 바가 없다.

24) 심작용의 지멸

인도말로 '요가'는 길道이라는 의미를 지닌다. 좀 더 설명하자면 해탈 또는 천도에 이르는 길을 요가라고 한다. 요가라는 말의 어원을 따지자면, 이 말은 원래 '결합하다', '멍에를 매다'라는 의미의 범어 동사 유즈yuj라는 말에서 온 것이다. 그러니까 요가라는 것은 결합 또는 멍에를 매는 것이라는 문자적인 의미를 지니는 것으로 이해할 수 있다.

그러면 뭘 결합하는가? 우선 몸과 마음을 결합하여 하나 되게 하는 것이며, 나아가 몸과 마음이 하나 된 개체가 궁극적 실재와 하나 되는 것이 요가이다. 그렇다면 결합이란 무엇인가? 그것은 자유를 의미한다.

몸 따로 마음 따로 논다면 어떻게 되겠는가? 한마디로 괴로울 것이다. 유기적인 관계에 있어야 할 두 부분이 따로 노는 것, 그것은 갈등이고 구속이다. 이에 비교하여 합일은 자유를 의미한다. 합일은 완성이며 자유이다.

자연에서 보는 것처럼 그냥 그대로 조화요, 아름다움이 된다. 사람 사는 세상이란 게 어디 그런가? 인위적으로 만들어지는 조화란 언제나 투쟁이 요구되는 법이다. 그래서 고대의 서양 철학자 헤라클레이토스는 투쟁은 조화라고 했다.

서로 다른 두 요소가 만나서 하나 되어 조화를 이루고 자유를 누린다는 것은 그냥 주어지는 것이 아니다. 어떤 의미에서는 투쟁을 통하여 가능할 수 있다. 이렇게 투쟁은 서로의 이해를 맞추려는 노력이 된다. 이런 심작용心作用의 지멸止滅이 추구되어야 한다.

25) 내 마음 살펴보기

은혜란 마음이 그대로 온전하여 자연스러운 것이다. 밉고, 예쁘고, 옳고, 그르고, 화나고, 짜증 나고, 즐겁고 등등으로 변화무쌍하고 다양하게 나타나는 마음은 경계를 따라 있어지는 마음이다.

경계는 마음을 일으키게 하는 일들과 그 대상이다. 경계가 올 때마다 마음을 멈추고, 살피고, 대조하는 마음공부 3단계를 적용하며 자기 마음을 분명히 인식해야 한다. 마음을 인식한다는 것은 어떤 상황에서도 자기 마음을 객관적이고도 자연스러운 흐름으로 유지하는 것이다. 이렇게 될 때 고통의 원인이 되는 다양한 번뇌 망상과 어둠의 장애물을 제거할 수 있는 힘을 가질 수 있다.

명확한 인식의 상태인 본래 의식의 바탕에 이를 수 있다. 이렇게 해서 깨달음을 이루는 완전한 마음 상태를 얻을 수도 있다. 천지의 근본이 마음이요, 법신불의 근본이 마음이다. 일체 만법을 운영하고 행하게 하는 근본이 마음이다.

이 마음이야말로 선악을 초월해서 모든 것을 만드는 전지전능한 창조자이다. 마음은 색채도 없고, 형체도 없고, 위치도 없고, 시작과 끝도 없다. 마음은 '바로 이거다, 저거다'라고 말할 수도 없고, '안에 있다, 밖에 있다'라고도 말할 수 없다. 마음은 쪼개질 수도, 어디에 흡수되어 사라질 수도, 파괴될 수도 없다.

하지만 시간도 초월하고 공간도 초월하고 모든 것을 초월한다. 마음은 언제나 여여하고 원만하여 안으로나 밖으로나 능선능악能善能惡의 능력이 끝이 없다. 마음은 수천수만 리 밖, 어디든 걸림이 없다. 사방이 탁 터져 있기에 뚫어야 할 은산철벽銀山鐵壁이 없다.

그런데 사람들은 왜 단단한 벽이 있다 하는가? 스스로 벽을 쌓아 올린 탓이다. 자기 마음으로 그렇게 만든 탓이다. 원래 유위, 무위로 갈라진 것도 아니라서 사실, 막혔다, 막히지 않았다 할 게 없다. 마음속에 마음이 있다.

26) 윤회

우리가 사는 세계는 어떻게 이루어진 것일까? 보이지는 않지만 신령스러운 기운으로 이어져 있다. 석가모니는 그 기운을 연기緣起란 말로 풀이하여 주었다. 소태산 대종사는 은혜恩惠의 관계라 밝혀 주었다.

석가모니의 연기 사상은 인차유피因此有彼요, 무차무피無此無彼며, 차생피생此生彼生이요, 차멸피멸此滅彼滅로 표현되었다. 이 말의 뜻은 '이것으로 인하여 저것이 있고, 이것이 없으면 저것 또한 없는 것이며, 이것이 나타나면 저것이 나타나고, 이것이 없어지면 저것 또한 없어지나니'라는 말로 잡아함경 12장에 등장한다.

소태산 대종사는 『정전』 사은四恩 천지 피은天地 被恩의 강령綱領에서 이 세상의 모든 것이 관계성으로 얽혀 있음을 아래와 같이 밝혀 주었다.

"우리가 천지에서 입은 은혜를 가장 쉽게 알고자 할진대 먼저 마땅히 천지가 없어도 이 존재를 보전하여 살 수 있을 것인가 하고 생각해 볼 것이니, 그런다면 아무리 천치天痴요 하우자下愚者라도 천지 없어서는 살지 못할 것을 다 인증할 것이다. 없어서는 살지 못할 관계가 있다면 그같이 큰 은혜가 또 어디 있으리오.

대범, 천지에는 도道와 덕德이 있으니, 우주의 대기大機가 자동적으로 운행하는 것은 천지의 도요, 그 도가 행함에 따라 나타나는 결과는 천지의 덕이라, 천지의 도는 지극히 밝은 것이며, 지극히 정성한 것이며, 지극히 공정한 것이며, 순리 자연한 것이며, 광대 무량한 것이며, 영원불멸한 것이며, 길흉이 없는 것이며, 응용에 무념無念한 것이니, 만물은 이 대도가 유행되어 대덕이 나타나는 가운데 그 생명을 지속하며 그 형각形殼을 보존하나니라."

이런 가르침을 이은 정산 종사는 영혼은 허령불매虛靈不昧한 정신 바탕이라 하였다. 허령불매라는 말은 마음이 거울처럼 맑고 영묘靈妙하여 무엇이든 뚜렷이 비추어 일체의 대상을 밝게 본다는 뜻이다. 따라서 영혼을 연관지어 생각해 본다면 정신이자 곧 성품이라는 말과 통함을 알 수 있다.

이런 영혼이 있다면 그 영혼은 어느 정도 살다가 죽는 것인지 바르게 알아야만 한다. 소태산 대종사는 이 세상의 그 어느 것 하나도 완전히 없어지는 것은 없고 변화할 뿐이라 밝히었다. 원불교전서 『대종경』 천도품 15장 법문을 보면 자연스럽게 이해가 된다.

"대종사 말씀하시기를, 세상의 유정 무정有情 無情이 다 생의 요소가 있으며 하나도 아주 없어지는 것은 없고 다만 그 형상을 변해 갈 따름이니, 예를 들면 사람의 시체가 땅에서 썩은즉 그 땅이 비옥하여 그 근방의 풀이 무성하여질 것이요, 그 풀을 베어다가 거름을 한즉 곡식이 잘 될 것이며, 그 곡식을 사람이 먹은즉 피도 되고 살도 되어 생명을 유지하며 활동을 하게 될 것이니, 이와 같이 본다면 우주 만물이 모두 다 영원히 죽어 없어지지 아니하고 저 지푸라기 하나까지도 백억 화신을 내어 갖은 조화와 능력을 발휘하나니라. 그러므로, 그대들은 이러한 이치를 깊이 연구하여 우주 만유가 다 같이 생멸 없는 진리 가운데 한량없는 생을 누리는 것을 깨쳐 얻으라."

또 『대종경』 천도품 6장을 연관 지어 생각해 보면 더 확연해진다.

대종사, 서울 박람회에서 화재 보험 회사의 선전 시설을 보시고 한 감상을 얻었다 하시며 법문하기를 "우리가 항상 말하기를 생사고락에 해탈을 하자고 하지마는 생사의 원리를 알지 못하면 해탈이 잘되지 않을 것이니, 만일 사람이 한 번 죽으면 다시 회복되는 이치가 없다고 생각할진대 죽음의 경우를 당하여 그 섭섭함과 슬픔이 얼마나 더하리오. 이것은 마치 화재 보험에 들지 못한 사람이 졸지에 화재를 당하여 모든 재산을 일시에 다 소실한 것과 같다 하리라. 그러나, 그 원리를 아는 사람은 이 육신이 한 번 나고 죽는 것은 옷 한 벌 갈아입는 것에 조금도 다름이 없을 것이니, 변함에 따르는 육신은 이제 죽어진다 하여도 변함이 없는 소소昭昭한 영식靈識은 영원히 사라지지 아니하고, 또 다시 다른 육신을 받게 되므로 그 일 점의 영식은 곧 저 화재 보험 증서 한 장이 다시 새 건물을 이뤄내는 능력이 있는 것 같이 또한 사람의 영생을 보증하고 있나니라. 그러므로, 이 이치를 아는 사람은 생사에 편안할 것이요, 모르는 사람은 초조 경동할 것이며, 또는 모든 고락에 있어서도 그 원리를 아는 사람은 정당한 고락으로 무궁한 낙을 준비할 것이나, 그렇지 못한 사람은 그러한 희망이 없고 준비가 없는지라 아득한 고해에서 벗어날 기약이 없나니, 생각이 있는 이로 이런 일을 볼 때에 어찌 걱정스럽지 아니하며 가련하지 아니하리오."

모든 것이 한량없는 생을 누린다는 천도품 15장의 법문과 육신은 죽어도 영식은 영원히 사라지지 않는다는 천도품 6장의 법문은 곧 영혼이 죽지 않는 것은 물론, 그 어느 것 하나도 영원히 죽어 없어지지 않고 변화함으로써 생을 보전하여 간다는 사실을 밝히고 있음을 알 수 있다.

영혼은 사람이 태어났다 죽으면 사라지는 것이 아니다. 그러므로 이 세상에서 육신을 가지고 숨 쉴 때 부지런히 좋은 업을 쌓아야 하고 마음공부 또한 열심히 해야 한다. 천도품 8장에 밝혀진 것처럼 사람의 생사는 비하건대 눈을 떴다 감았다 하는 것과도 같고 숨을 들이쉬었다 내쉬었다 하는 것과도 같고 잠이 들었다 깼다 하는 것과도 같나니, 그 조만의 차이는 있을지언정 이치는 같은 바로써 생사가 원래 둘이 아니요 생멸이 원래 없는지라, 깨친 사람은 이를 변화로 알고 깨치지 못한 사람은 이를 생사라 한다. 또 천도품 9장에 밝혀진 것처럼 저 해가 오늘 비록 서천에 진다 할지라도 내일 다시 동천에 솟아오르는 것과 같이 만물이 이생에 비록 죽어 간다 할지라도 죽을 때에 떠나는 그 영식이 다시 이 세상에 새 몸을 받아 나타나게 되는 것이다.

이렇게 돌고 도는 삶을 윤회라 한다. 그래서 생사를 살고 죽는다고 하는 것이 아니라 변화하는 것이라고 말한다. 이렇게 이 세상에 오고 가는 것을 깨닫는 사람이 생사관生死觀을 확립한 사람이요, 영생을 스스로 밝히는 사람이다.

27) 가시나무

하루는 스승이 제자를 만나 물으셨다

"가시나무들 보았는가?"

"예, 보았습니다"

"그럼, 가시나무는 어떤 나무들이 있던가?"

"탱자나무, 찔레나무, 장미꽃 나무, 아까시나무 등이 있습니다"

"그럼, 가시 달린 나무로 몸통 둘레가 한 아름 되는 나무를 보았는가?"

"못 보았습니다"

"그럴 것이다. 가시가 달린 나무는 한 아름 되게 크지 않는다. 가시가 없어야 한 아름 되는 큰 나무가 되는 것이다. 그래서 가시가 없는 나무라야 다용도로 쓸 수 있다. 가시 있는 나무는 쓸모가 별로 없느니라"

가시는 남을 찔러서 아프게 한다. 그리고 상처를 내서 피를 흘리게 한다. 입을 통해 나온 말의 가시, 손발을 통해 나온 육신의 가시, 욕심을 통해서 나온 마음의 가시를 없애야 한다,

나무에 가시가 없어야 다용도로 쓰이듯이, 사람도 가시가 없어야 인재가 된다. 사람을 살려내고, 사회를 밝게 하고, 국가 세계를 발전시키며, 우주를 살려내는 성현이 된다. 지금도 말이나 글의 가시로 남의 마음을 후벼 파고 있는지 모른다. 항상 조심해야 한다. 진짜 가시 없는 사람이 되고 싶다면 말이다.

28) 마음 소

우리가 살면서 문제가 풀리지 않을 때가 있다. 이럴 때 마음의 한계를 느낀다. 하지만 마음이 주인공이고, 행동은 그 마음을 따라다니는 그림자다. 내가 짓는 선악의 모든 행동은 그때그때 내 마음 한가운데서 일어난 생각의 그림자일 따름이다.

수레바퀴가 소의 발자국을 따라가듯이 행동 역시 마음의 방향을 따라가게 마련이니, 마음을 어떻게 쓰느냐에 따라 업의 빛깔이 달라지고 마침내 인생 자체도 달라지는 것이다.

'마음'이라고 하는 것, 이것은 모든 상황과 일의 주체요, 마음이 모든 에너지의 원천이듯이 마음을 어떻게 쓰느냐에 따라 내 앞에 펼쳐지는 세상의 모습이 달라진다. 즉 모든 것은 마음에 의한 것이다.

이런 사실을 부정하지 않고, 항상 바르게 실행해 나갈 방향을 찾고, 또한 편안해지고 기쁠 수 있는 신·분·의·성의 마음을 선택하고 그 신·분·의·성의 마음으로 올바르게 공[수양], 원[연구], 정[취사]을 실행해 나가는 것이 마음공부이다. 대산 종사는 "공은 크고 빈자리, 원은 두렷하고 밝은 자리, 정은 부드럽고 바른 자리라"고 해석해 주었다.

일상 수행의 요법과 상시 응용 주의 사항은 주로 경계를 당할 때 하는 공부이다. 상시 응용 주의 사항 1조는 온전한 생각으로 취사한다고 밝히고 있다. 그런데 마음을 온전하게 하는 게 잘 안 된다. 대산 종사는 상시 응용 주의 사항은 원래 경계에 대해서 하는 공부이므로 멈추는 공부를 하라고 하셨다. 경계가 오면 '멈추어라' 한마디로 말씀해 주셨다.

이렇게 하면 마음공부를 통해서 상상을 초월하는 기적이 일어나고 있음을 안다. 경계라고 해서 동할 때 공부만 하는 일방적 '공부'가 아니고 정할 때 공부로 염불 좌선으로 수양력을 세워가는 공부를 하고, 경계를 따라 있어지는 마음을 좋은 결과를 낼 수 있는 쪽으로 바꾸는 것이 마음공부의 백미이다.

동할 때 공부는 나와 너의 관계, 인과의 관계에서 공부하는 때이다. 과거 지어온 선악 간 인연이 경계를 따라서 내 마음에 요란함이 있어지나니, 이는 지어놓은 과보이므로 무조건 감수불보感受不報, 즉 기꺼이 수용하는 것이 최상의 공부법이다.

경계 따라서 요란함이 있어지는 것은 철저히 선악 간에 내가 지었던 업력과 습관 때문이므로 내 탓임을 철저히 깨닫는 공부이다. 그러나 사실적 도덕의 훈련으로 마음공부를 하면 요란함을 얼마든지 없게 할 수가 있다. 그 요란한 마음을 일기나 문답을 통해서 스승님에게 사실적으로 보여 드려야 치료가 가능한 것이다. 숨기고 있는 한 영원히 치료는 불가능하고 영원한 위선자가 될 뿐이다. 현실 생활 속에서 동할 때 공부가 더 중요하다.

그 요란함을 없게 하는 방법으로 없애려 하지 말고, 그 요란함을 받아들이고 만나주고 안아주고 사랑하자는 방법 역시 대단히 탁월한 방법이고 효과가 기적처럼 일어나는 방법이다. 그러나 오해도 깊은 방법이다.

화내고 욕심나고 죽이고 싶은 마음을 없애지 말고 사랑하라 하니 참 많은 적공이 필요한 말이다. 그러나 대부분 사람이 내 마음의 그 요란함을 없게 하려는 것보다는, 내 마음을 요란하게 만든 그 경계를 없애려 하는데, 그 경계를 원망하거나 없애려고 하는 것은 보복이지 마음공부가 아니다.

내 마음을 요란하게 한 그 경계를 미워하고 혼내주고 없애려 하는 것은 헛된 고생일 뿐 모래로 밥을 짓는 격이다. 경계에는 아무 죄가 없다. 내 마음 속의 '그 요란함'을 없게 하는 것이 내 마음공부다. 요란함은 성품에서 그대로 나타난 공적영지가 아니다.

부처는 소소영령한 자성을 항상 관조하시므로 경계 따라 영지가 그대로 나타나고 중생은 습관과 업력 때문에 경계 따라 종종 무명이 영지를 가려 망상이 나타난다고 하셨다. 내 마음속의 그 요란함을 없애고자 하지 말고 사랑해야 하는 이유를 다르게 설명하면 좋을 것 같다.

요란함이 경계 따라 있어지는 것은 내 업보이며 습관 때문이므로 달게 받아들여야 하지만 내 마음의 그 요란함을 그대로 상대에게 또 반복하면 과보는 쉴 날이 없으므로 없게 하는 능동적 태도를 배우는 것이 마음공부이다.

내 마음속에 있는 '그 요란함을 없게 하는' 방법은 무지막지하게 없애버리려는 어리석음보다는 지혜를 동원해서 없게 하는 방법을 연구해보면 첫째 사랑하고 달래야 하는데, 그 이유는 내 마음에 요란함이 있는 이유 대부분이 애정 결핍 욕구불만 습관과 업력 때문에 그렇다. 내 마음속에 있는 '그 요란함'을 미워하고 싫어하면 그 요란함은 더욱 요란해질 뿐이다. 내 마음속에 있는 '그 요란함'을 최대한으로 수용하고 사랑하고 더 이상 상대방에게는 그대로 돌려주지 않도록 노력하는 것이 마음공부이다.

그러려면 내 마음을 항상 멈추고 깨어 있고 유념해야 한다. 정할 때는 심지에 원래 요란함이 없는 적적성성한 자리를 양성하는 염불·좌선·기도·참회 공부를 하고, 동할 때는 혹 경계 따라 있어지는 내 마음의 그 요란함을 사랑하고 달래서 그대로 상대에게 돌려주지 않고 알맞게 조절해서 돌려주는 유념 공부를 지성으로 해야 할 것이다.

29) 마음 경계 찾기

나뭇잎이 나뭇가지에 달려 있을 때는 단풍이요, 바람이라도 휙 불어 떨어져 땅에 떨어지면 그 순간부터는 그 이름이 낙엽으로 바뀐다. 낙엽은 바람에

날아다니며 계절의 운치를 더한다.

사람도 스스로 뭔가를 행하지 않으면 낙엽처럼 가볍게 날아다니듯 살 수 있다. 그러나 낙엽처럼 가볍게만 살 수는 없다. 잘 익은 과일처럼 속이 꽉 찬 사람이 되어 마음의 자유를 찾기 위해 마음공부를 한다.

그런데 마음의 자유를 찾으러 가는 길에는 반드시 마음의 경계가 있다. 이때마다 경계선에 이르렀다고 생각하며 자기 마음의 흐름을 알아차려야 한다. 이것이 마음의 경계 찾기이다. 그러나 어떤 생각이 경계선에 이르면 한계를 느낄 수도 있다. 마음은 그 경계선을 넘어서게 되는 순간부터 무너져 내린다. 그렇기에 마음의 갈무리를 잘해야 한다.

마음은 본래 요란스럽지 않다. 다만 살아온 업식에 따라 경계가 허물어져 갈등하고 괴로워하고 외로워한다. 하지만 마음은 본래 요란스럽지 않다는 것을 깨달아야 한다. 본래 요란스럽지 않다는 것을 깨닫고, 마음의 자유를 누리기 위해 현재 자신의 마음 상태를 빨리 알아차려야 마음의 경계에 끌려가지 않는다. 그렇게 하려면 때로는 근심과 걱정거리를 훌훌 털어야 한다. 이것은 절대 쉽지 않다. 그러나 더 건강하고 행복하기 위해 기쁘고 즐겁게 마음공부를 하며 경계를 물리치는 노력을 하는 것이다.

생활 속에서 어떤 경계가 있었는지 적어보는 것도 참 유의미한 일이 될 것이다. 그 속에서 요란하고, 어리석고, 그른 마음은 얼마나 일어났는지도 생각해 봐야 한다.

또한 요란하고, 어리석고, 그른 마음이 일어났을 때, 그순간 마음 대조를 했는지 못했는지도 점검해 보는 게 좋다.

이 글을 읽는 동안이라도 자기를 힘들게 하는 경계 찾기를 10가지 이상 적어보며, 그중에서 마음을 바라보고 대조 공부를 한 것과 안 한 것의 차이가 어떠한 것이 있는지 생각해 보면 마음공부가 더 잘 된다. 그리고 그중 한

가지를 선택하여 일기를 써 보는 것도 좋은 방법이다.

마음이 답답할 때마다 그 마음을 무겁게 생각하지 말아야 한다. 해결 방법은 늘 가까이 있다. 행복한 명상이나 마음공부를 통해 진정으로 나를 돌아보고 항상 마음이 가벼운 삶을 살았으면 좋겠다.

30) 원불교 수행

원불교는 개인 구원을 바탕으로 사회 구원을 실현하고자 노력한다. 이게 바로 성불제중이다. 성불成佛은 불과를 이루어 부처의 인격을 완성함이라면 제중濟衆은 고해에 헤매는 중생을 건짐이다.

『정전』 개교의 동기에 밝힌 바와 같이 진리적 종교의 신앙과 사실적 도덕의 훈련으로 정신의 세력을 확장하고 물질의 세력을 항복 받아 파란 고해의 일체 생령을 광대 무량한 낙원으로 인도하려고 원불교는 문을 열었다.

원불교 마음공부에 입문하기 위해서는 두 개의 문을 통해 들어올 수 있다. 신앙문信仰門과 수행문修行門이 그것이다. 인생의 요도 사은·사요는 신앙의 축이고 공부의 요도 삼학·팔조는 수행의 축이다. 신앙을 잘하면 복락을 받고 수행을 잘하면 완숙한 인격이 된다.

신앙과 수행은 떼려야 뗄 수 없는 구조이다. 믿음이 세상을 평화로 이끌어 구원한다면 수행은 나를 바로 세워 가정과 나라와 천하를 바로 세우는 기본이다. 그래서 진리적 종교의 신앙에 바탕을 두어 사실적 도덕의 훈련을 강조한다. 수행이 수행 정도에 그치게 하는 것이 아니라 훈련이 되는 경지까지 수행과 훈련의 상관성을 끌어올려야 심신이 더욱 유연하고 빠르게 변화되기 때문이다.

훈련은 되풀이하여 연습함이다. 즉 반복 숙달이다. 같은 것을 계속하면 그 속에 무궁한 조화가 일어나 심성과 기질이 변화된다. 낙숫물이 바위를 뚫는 격이다. 반복 숙달하는 과정에서 중생의 모습이 성자의 모습으로 탈바꿈된다. 성인 즉 불보살의 인격은 일심·알음알이·실행의 3가지가 무한히 겹치고 교차할 때 숙성된다. 일심은 마음의 자주력을 말하고, 알음알이는 시비 이해와 대소 유무의 이치를 알아가는 연구력이며, 실행은 육근을 운용하는 데 정의는 취하고 불의는 버리는 실천력이다. 어느 상황이 되든지 마음이 하나로 모이고 일과 이치에 빠른 판단과 옳은 일은 행동하는 힘이 뭉치고 단련되어 원만한 인품과 완성된 인격을 가질 수 있어야 한다.

원불교 수행은 불가의 심성학을 바탕으로 유가의 수련법을 활용하였다. 불가의 수행은 형상 없는 마음을 바탕으로 불생불멸의 진리를 가르치지만, 세속을 떠나 출세간적 삶을 지향하기에 세간 속의 공부법으로는 적절하지 않다고 보았다. 유가의 수행은 우주 만유의 형상 있는 것을 주체 삼았고 수제치평修齊治平의 입신양명을 지향점으로 삼기에 도와 덕을 바탕으로 일상적인 생활 속에 순서 있는 공부를 하는 데 안성맞춤이라고 보았다. 즉 신통이적神通異跡, 호풍환우呼風喚雨, 이산도수移山渡水가 아닌 인도 상 요법을 주로 밝혔다.

원불교가 지향하는 삶은 세속일지라도 바르게 변화되어 기쁘고 즐겁게 사는 삶이다. 사람으로 사람답게 사는 길을 밝혔다. 미신과 역리보다 사실과 순리를 따르고 복과 낙을 이치에 따라 당처에서 구하자는 것이다. 이것이 바로 수행과 신앙이다. 그런데 그 수행을 훈련으로 변화시켜 반복 숙달 반복 연습하게 하자는 것이다.

원불교 수행 즉 훈련은 일심·알음알이·실행을 생활 속에서 나타내어 일반화 극대화하기 위해 전문과목을 두었다. 우리의 삶 속에서 마음의 자주력 사리의 연구력, 육근의 취사력을 강화하기 위한 맞춤형 공부를 하자는 것이다. 시간과 장소를 정해놓고 정기적인 기간에 법의 훈련을 하고 시간과 장소에 구애받지 않는 상시로 수행을 훈련하여 어느 때 어디서나 삼대력을 쌓고자 한다.

정기훈련 과목은 11가지이다. 염불·좌선을 통해 마음을 하나로 모으는 일심 공부를 강화하고, 경전·강연·회화·의두·성리·정기일기 과목을 통해 알음알이를 뭉치고, 상시일기·주의·조행 과목을 통해 실행력을 높이려고 한다. 한편 상시로 수행을 훈련하기 위해 상시 응용 주의 사항과 교당 내왕시 주의 사항을 정하여 연습한다.

상시 응응 주의 사항 1조 '응용하기 전 온전한 생각으로 취사하기를 주의할 것이요'는 일심·알음알이·실행이 종합된 지침이다. 무시선법의 결론인 '육근이 유사하면 불의를 놓고 정의를 양성하고 육근이 무사하면 잡념을 버리고 일심을 양성하자'는 대목을 축약한 것으로 볼 수 있다. 2조 '응용의 형세를 보아 미리 연마하기를 주의할 것이요', 3조 '노는 시간이 있고 보면 경전 법규 연마하기를 주의할 것이요', 4조 '경전 법규 연마하기를 대강 마친 사람은 의두·연마하기를 주의할 것이요'는 알음알이를 중점적으로 연마하는 조항이며 5조 '아침저녁으로 염불 좌선하기를 주의할 것이요'는 일심을 중점적으로 연마하는 조항이며 6조 '하자는 조목과 말자는 조목에 실행대조'는 실행을 강조한 조항이다.

교당 내왕시 주의 사항에서 1조 상시 응용 주의 사항으로 공부하던 중 교당에 오고 보면 지난 일을 일일이 문답하는 데 주의하고, 2조 감각된 일이 있으면 보고하여 감정을 얻기를 주의하고, 3조 특별히 의심나는 조항이 있으면 지도인에게 해오 얻기를 주의하고, 4조 정기훈련 기간에 정기훈련을 받기를 주의하고, 5조 예회 날에는 교당에 와서 공부하기에 전심하기를 주의하고, 6조 교당에 다녀와서는 소득 유무에 반조하여 실생활에 활용하기를 주의하라고 당부한다. 즉 정기훈련은 법의 훈련이면서 11과목을 훈련하고 상시훈련은 수행을 훈련함이다.

수행을 훈련함이란 수행을 응용하고 활용하라는 의미이다. 정기훈련은 사회활동을 잘하여서 사회 속에서 훌륭한 인재가 되자는 것이다. 유가에서 말하는 입신양명立身揚名의 의미이다.

원불교에서 말하는 인재는 사회 속에서 사회활동을 잘하는 사람이다.『대종경』전망품을 보면 "미래의 세상에서는 종교의 신자들이 각각 상당한 훈련을 받아 자연히 훈련 없는 보통 사람과는 판이한 인격을 가지게 될 것이요, 따라서 관공청이나 사회 방면에서 인재를 선발하는 데에도 반드시 종교 신자를 많이 찾게 되리라"고 밝히셨다. 이런 이유로 미루어 보면 출재가 교도로 하여금 수양 연구 취사의 3방면에 반복 숙달 훈련을 시켜야 한다. 수양 연구 취사의 3가지 방면에서 사리연구 훈련 과목이 6개로 제일 많다. 이것은 사리연구가 그만큼 중요하다는 것을 방증한다. 상시훈련은 수행을 훈련함이기에 11과목을 상시생활에 활용하고 응용함이다. 일심·알음알이·실행을 있는 그대로 적용하여 일과 속에 실천하고 예회 날에는 교당에 와서 실천한 바를 있는 그대로 보고하여 문답·감정·해오를 얻고 반드시 소득 유무를 반조하여 실생활에 활용하고 인격적인 향상과 복락을 장만하여야 한다.

정리하자면 원불교 수행은 훈련으로 단련된다고 본다. 꾸준하게 같은 것을 반복하면 오묘한 조화가 일어난다. 일심·알음알이·실행을 계속 연습하면 그 속에 깊은 수양과 연구와 취사가 삼대력이란 힘으로 나투어 부처님의 인격을 갖추게 된다. 그 삼대력을 어디에서 부려 쓰는가? 신선이 되어 무릉도원에서 사는 것이 아니라 읍·면·동·리 마을 속에서 사람들과 부딪치며 알콩달콩 살자는 것이다.

31) 마음에 뿌리내린 평화

마음에서 나는 원리와 땅에서 나는 원리는 같다. 본래 텅 비어서 아무것도 없는 땅에서 뿌린 씨앗에 따라 콩도 나고 팥도 나고 잡초도 나듯, 우리들의 마음자리도 마찬가지이다. 본래 자리는 텅 비어서 아무것도 없건마는 과거 어느 시절에 뿌려 놓은 인因이 조건에 따라 좋은 마음으로 나기도 하고 나쁜 마음으로 나기도 한다.

그래서 우리는 마음의 밭을 심지心地라고 부른다. 이런 심지가 시끄럽고 떠들썩하여 어수선하고 야단스럽게만 보이는 요란함이나, 슬기롭지 못하고 둔한 어리석음, 어떤 일이 사리에 맞지 않는 그름이라는 경계 때문에 달라진다.

그러므로 심지가 요란할 때는 희로애락애오욕喜怒哀樂愛惡慾에 따른 감정의 흔들림이 일어나지 않게 자성의 정을 세워야 한다. 또 대소 유무와 시비 이해의 일을 알지 못하고 자행자지할 때는 자성의 혜를 세워야 한다. 그래서 무엇이 옳고 무엇이 그른지 무엇이 이로운지 무엇이 해로운지 알아야만 한다. 이렇게 공부해도 흔들린다. 해야 할 일은 하지 않고 하지 말아야 할 일을 할 때도 있다. 이럴 때는 어떤 일이 사리에 맞지 않는지 살펴 자성의 계를 세워야 한다.

마음공부는 이렇게 본래 마음을 수행의 표본으로 삼아서 원만구족하고 지공무사한 각자의 마음을 그대로 찾아서 쓰게 하는 공부이다. 중요한 것은 그 경계를 스스로 조절하고 그것들로부터 자유로워질 수 있는 자기 마음의 힘을 갖추는 일이다. 힐링이 되는 마음공부도 자기 마음의 힘에 달려 있다. 결국 마음공부를 지속해서 하다 보면 자신을 온전히 사랑하는 역할이 중요해짐을 깨달을 수 있다. 그 깨달음이 마음공부를 통해 얻는 행복이다.

32) 일상 수행의 요법

1. 심지心地는 원래 요란함이 없건마는 경계境界를 따라 있어지나니, 그 요란함을 없게 하는 것으로써 자성自性의 정定을 세우자.
2. 심지는 원래 어리석음이 없건마는 경계를 따라 있어지나니, 그 어리석음을 없게 하는 것으로써 자성의 혜慧를 세우자.
3. 심지는 원래 그름이 없건마는 경계를 따라 있어지나니, 그 그름을 없게 하는 것으로써 자성의 계戒를 세우자.
4. 신信과 분忿과 의疑와 성誠으로써 불신不信과 탐욕貪慾과 나懶와 우愚를 제거하자.
5. 원망 생활怨望生活을 감사 생활感謝生活로 돌리자.
6. 타력 생활을 자력 생활로 돌리자.
7. 배울 줄 모르는 사람을 잘 배우는 사람으로 돌리자.
8. 가르칠 줄 모르는 사람을 잘 가르치는 사람으로 돌리자.
9. 공익심公益心 없는 사람을 공익심 있는 사람으로 돌리자.

추억 앨범

추억 앨범

추억 앨범

추억 앨범

추억 앨범 117

제 2 부

신분의 성

신분의성
저자의 말

　태양은 날마다 떠오른다. 천지 만물을 바로 비추고 감싼다. 세상 사람들은 햇볕이 내리쬘 때의 따뜻함을 즐기며 살아간다. 인생이란 이런 시간 속에서 켜켜이 쌓이는 기쁨과 아름다움을 가꾸어가는 경험이자 은혜이다. 마음을 가꿀수록 신·분·의·성의 태도가 얼마나 중요한 것인지 절감한다.
　우리는 매일 이렇게 선택하고 실행하기를 거듭하며 진급과 강급의 길을 걷는다. 신·분·의·성의 마음과 태도를 통하여 선택하고 단련하며 실행할수록 생활 속의 감사와 행복도 늘어난다. 우리의 삶을 긍정적으로 이끌 수 있음을 몸소 체험하게 된다.
　이렇게 배우고 익힌 절제와 온화, 관용과 포용으로 일과를 소중히 여기고 실천하며, 부단히 새로워지려는 열정과 정성을 거듭거듭 들일수록 마음의 평화도 누릴 수 있다.
　최선을 다한 하루, 그 하루의 해가 지면 신·분·의·성의 마음으로 자신을 비추는 일기를 쓰고, 설교와 마음공부 강의안을 준비했다. 스승님들

의 가르침 또한 효과적인 변화의 도구요, 원칙이요, 전략이 됐다.

나의 하루하루가 『신분의성』이란 한 권의 책이 되었다.

그저 따뜻하게 감싸주신 모든 분께 감사드리며 모두 함께 진급하는 길로만 나아가 법신불 사은님의 은혜가 충만하기를 기원한다.

탁명철

1
인식의 전환

아직도 진정 부끄러움 없는 사람이 되기를 열망하며 산다. 날마다 세 번 이상 반성하라는 스승님들의 말씀을 땅에 떨어트리지 않으려는 마음으로 정성껏 심고도 올린다. 변화된 행동과 더 좋은 습관을 편안하고 평화롭게 수용하고 있다.

신·분·의·성의 마음이 어떤 완결에 이르고 다시 선택과 실행이 될 때마다 참삶과 참 공부의 기준으로 연결되었다. 스승님들의 가르침을 따라 할수록 인생은 그만큼 더 풍요로워졌다.

이제는 마음의 평화를 가능하게 하는 신·분·의·성의 마음 대조가 진급의 필요충분조건임을 확신한다. 지속 실행할수록 법신불의 은혜가 더 충만해지고 좀 더 의미 있는 미래계획의 성취도 가능해졌다.

늘 참 나가 되는 시간을 신·분·의·성의 마음으로 챙기며 살아온 시간, 그 시간 속에서 유무념 공부도 자연스럽게 이어졌다. 이런 인식의 전환이 참으로 기쁘게 살 수 있는 길을 향하게 했다.

2
마음공부와 신·분·의·성

돌이켜본다. 마음의 힘으로 일상 속에서 평상심을 빠르게 회복하고 평화로워졌는가? 과거의 일에 집착하며 머무르지 않고 현재의 일에 집중했는가?

신·분·의·성을 정성으로 마음에 들이고 지혜로운 마음과 아름다운 욕구를 이어간다면 거듭거듭 진급되는 선택을 할 수 있다.

그러한 시간 속에서 유념으로 처리했는지 무념으로 처리했는지 마음 대조를 하면 할수록, 결국 삶의 태도를 전격적으로 바꾸는 의지가 필요함도 절감한다. 이렇게 매사 특별히 정성을 다하는 굳은 마음을 낼 수 있다.

신·분·의·성 마음으로 선택하고 실행하며 하루를 대조하는 일이 반복될수록 유무념의 마음 챙김도 더 자연스러워진다. 그 공들임으로 우리의 삶은 영성이 풍부해지고 순화하고 소통하며 하나가 된다. 시기하고 질투하는 마음이 사라지고, 늘 은혜와 감사로 가득하다. 이보다 더 좋을 순 없다.

날마다 신·분·의·성의 마음 대조하기가 얼마나 좋은 자기성취의 방법인지 깨닫게 된다. 세상을 바라보고, 세상의 일을 받아들이는 사유의 방식을 바꾸게 된다. 더 자연스럽게 수기진성守其眞性의 힘이 발현된다.

이렇게 신·분·의·성의 마음으로 글을 쓴다.

3
신·분·의·성의 마음으로 쓴 산문

1) 신信

신信이라 함은 믿음을 이름이니, 만사를 이루려 할 때에 마음을 정하는 원동력原動力이니라. -『원불교전서』정전. 팔조의 진행 사조 -

(1) 더 기뻐진 생활

연찬회가 끝나고 교도회장님과 차를 탔다. 내비게이션의 안내를 받으며 돌아오는 길에 교도회장님과 서로 궁금한 점을 묻고 답했다. 나는 지금 당장 냉난방기 실외기를 고치지 못하는 경제력에 대해서 불만이 없다고 말했다. 그분에게 일원 가족인지를 물었고 그렇다고 들었다.

그렇게 지루할 틈 없이 교당에 가까워지자 그분은 만덕약국 앞에서 내려 달라고 하셨다. 만덕약국이 위치한 지점에 다다랐다. 그런데 만덕새마을금고에서 볼 일이 있으니 그 지점에서 하차할 수 있게 조금 더 앞으로 나아가 달라고 하셨다. 차에서 내릴 때는, 무서워서 그러니 좀 기다려 달라고도 말했다. 잠시 후 교도회장님이 돌아오셨고, 손에 든 돈을 나에게 줬다. 40만 원이라며 냉난방기 실외기를 고치는 데 써 달라고 하셨다.

감사하다는 인사말을 마치기가 무섭게 그분은 뒷모습만 보였다. 잠시 운전석에 앉아 있었다. 감사와 감동이 넘치는 환희의 선물이었다. 긍정적인 기운으로 전해준 너무도 큰 은혜였다. 아무리 힘든 일이 있더라도 자신의 노력으로 극복하길 바라는 하나의 메시지였다.

늘 안심하면서 자기 자신의 생활을 개척하는 사람이 참으로 부유한 사람이라고 가르치셨던 소태산 대종사님의 성안이 떠올랐다. 참으로 고마운 일을 묘한 인연 고리의 여운 속에서 경험했다. 이렇게 일상생활에서의 사고방식, 생활방식, 일하는 방식을 바꾸니 뜻하지 않게 법신불 사은의 은혜를 받았다. 교당에 돌아와서도 한동안은 안심安心의 복락福樂에 대해 한참 동안 다시금 되짚어 봤다.

이 세상을 살아가면서 참 기뻤던 시간은 몇 시간이나 될까? 가끔 생각한다. 일상의 소소한 일에서의 기쁨을 얼마나 자주, 얼마나 많이 생각하고 느끼느냐에 좌우됐다.

하루의 모든 일에 놀랍도록 빠르게 적응하며 성취하는 것만이 일상에서의 전부는 아니었다. 사사물물과 인과관계 속의 일들을 더 자연스럽고 편안하게 바라보며 깨닫고, 그 기쁨으로 일하는 자세는 무엇보다도 중요했다. 더욱더 커지는 기쁨의 물결이 됐다.

그렇게 삼라만상의 본원이요, 근원인 법신불 사은을 오롯하게 받아들이는 응감과 하감의 기도를 했다. 그 기운이 법신불 사은의 광명과 위력을 받아 살아가는 지혜를 가다듬어줬다. 더 기쁜 생활을 했다. 정성은 그 징검다리였다.

흘러 지나간 시간과 경험된 바를 반추해가면서 짧다면 짧고, 길다면 긴 그 생각과 감사의 기도도 이어왔다. 그 법신불의 은혜가 기쁨을 키웠다. 이렇게 기쁜 생활은 마음공부의 더 좋은 길을 안내하는 감사 생활과 자력 생활의 활력이었다.

어떤 사물이든 자연의 변화 속에 아름다움이 되는 것처럼, 감사 생활과 자력 생활은 내 삶과 함께 아름다울 수 있나는 증표였다. 그 증표 덕분에 지나친 욕심과 집착을 내려놓는 일이 가능해졌다. 역경이 진급의 기회가 됨을 알게 해줬다. 인생에서 이처럼 중요한 일은 없었다.

이렇게 일상의 소소함이 기쁨으로 연결될 때마다 신·분·의·성의 마음으로 연속 북돋는 지각知覺의 일도 가능한 일이 됐다. 무슨 일이든 공부심으로 임하게 되고 그만큼 시비 이해에 휘말리는 일도 잦아들었다. 모든 일로부터 심화心和와 기화氣和를 이루는 즐거움도 더 많이 뒤따랐다.

참으로 감사한 시간이었다. 오늘 하루도 언제든 이렇게 달라질 준비가 되어있는가 살피는 것만으로도 내 마음속에 큰 기쁨이 가득하다. 더 기뻐진 생활이 이렇게 이어졌다. 늘 더 기뻐지는 생활을 위해 어떤 공부를, 어떤 방식으로 추구해야 하는지 이제는 알 것 같다.

(2) 관용

지역아동센터 현관 앞을 지나고 있었다. 어른과 아이들의 목소리가 뒤엉켜 들려왔다. 무슨 일인지 궁금해 유리창 틈으로 안경을 가까이 들이댔다.

잠깐의 시간이 그렇게 흘렀다. 그곳의 센터장이 아이들의 머리를 차례대로 감아주며 뭔가를 머릿결에 바르고 있는 모습이 한 편의 파노라마처럼 이어졌다. 그 이유가 참으로 궁금하여 노크하고 들어가 왜 그렇게 하는지 물었다.

아이들의 머릿결에서 냄새가 남은 물론 서캐가 많이 보여 아이들과 서로 특별한 다짐을 한 후, 일일이 머리를 감기고 기슬을 퇴치하는 약을 바른다고 말했다. 유년 시절 기蟣는 서캐이고, 슬蝨은 이라는 것을 마을 어르신들에게서 들었지만 이런 기술이 지금도 있다니 참으로 놀라웠다.

하지만 센터장의 품에 안긴 그 아이들의 태도를 보며 관용이란 바로 저런 모습이 아닐까 생각했다. 지위고하와 관계없이 타인의 타자성他自性을 인정하는 너그러움이 느껴졌다. 포근하게 느껴진 그분의 눈빛이, 그분의 깊은 영성이 나의 믿음을 들여다보게 했다.

하루를 정리하는 이 순간 『중용中庸』에 밝혀진 '천명지위성天命之謂性, 솔성지위도率性之謂道, 수도지위교修道之謂教'란 글귀가 떠오른다. 하늘이 명한 것을 본성이라 하고, 본성을 따르는 것을 도라 하고, 도를 닦는 것이 가르침이라 한다.

오늘 감명 깊게 본 그 영롱한 눈빛과 아름다운 마음 씀에 내 마음에도 그런 관용성이 있나 생각하게 된다. 지애至愛의 마음속에서 발현된 관용의 마음. 그 마음이 진정한 기쁨, 감사, 평온, 관심, 희망, 자긍, 즐거움, 경외심, 사랑을 배우게 하는 관용의 마음이었음을 생각해 본다.

(3) 내일도 행복하려면

날마다 되풀이되는 아침 청소 시간이면 행복함을 앞세운다. 이웃집과 경계 삼아 심어 놓은 향나무를 타고 올라가는 넝쿨을 양손으로 뽑아내기도 한다.

오늘도 그랬다. 한 손 가득 쥐고 버리기를 수차례 하다 보니 이마에 땀방울이 맺혔다. 땀을 훔치는 손에서 그 독특한 풀냄새가 진동했다. 그래도 앞에서 불어오는 바람이 마음속까지 들어와 시원하게 했다. 행복한 노동이었다.

행복과 불행은 항상 무엇과 비교하느냐에 따라 달라졌다. 일의 대조 효과를 굳이 따질 필요도 없다. 그냥 지금 되풀이되는 일과 땀이 오류로 지각되지만 않는다면, 그 어떤 것을 판단하며 염려할 필요도 없는 게 노동의 행복이다.

그냥 보고, 생각하고, 일하는 것만으로도 언제든지 마음이 따뜻해지면 행복해진다. 아주 낮고 작은 성취에도 만족하면 더 큰 은혜도 느껴진다. 이렇게 모든 것을 소중하게 보고 대하면 항상 좋은 생각 속에 행복한 동행이 됐다.

땀 흘리며 연이은 선시를 할 때면 노동은 흐르는 시간 속에서 초목이 기운을 공유하며 함께 아픈만큼 성장한다는 생각을 하게 했다. 특히 이렇게 특별한 마음으로 전지를 할 때마다 둥근 부처로 꿈꾸며 그간 함부로 한 말과 행동이 부끄러워졌다. 축복하는 마음, 사랑하는 마음으로 긍정하고 상대를 세워주는 말만 하고 싶어진다.

내가 가진 것이 적다고, 지위가 낮다고 해도, 이렇게 좋은 기운이 연해지는 노동을 하면 불천노 불이과不遷怒 不二過의 자세를 가다듬으며 기뻐지고 행복해졌다. 어떤 상황의 원망보다는 절대적인 감사함이 우러났다. 그 행복한 느낌이 오랫동안 미소로 남을 것 같다.

어떤 걱정에 지쳐 잠을 청하지 않으려면 호화롭고 풍요로운 삶에 비교하여 그냥 움츠러들진 말아야 한다. 그저 따뜻한 마음으로 타인의 고통에도 관심을 가지며, 그저 주어진 시간을 만족하고 즐기는 삶이 되도록 하루하루를 활기차고 희망차게 시작하면 행복해진다.

어느 누구라도 내일이 행복하려면 이렇게 살라고 말하고 싶다. 법신불 사은님은 그렇게 남보다 더 인내하고, 남보다 더 감사하며, 앞에 닥치는 모든 상황과 사물들을 더 긍정적인 눈빛으로 바라보며 취사하면 된다고 가르쳐줬다.

(4) 더 좋은 리더가 되기 위한 자세

언젠가 텔레비전을 보다가 날아다니는 뱀을 봤다. 참으로 놀라웠다. 이런 뱀을 연구한 사람이 있었다. 미국 버지니아 공대 제이크 소차 교수이다. 그는 '하늘 나는 뱀'으로 알려진 '파라다이스 나무 뱀'의 연구결과를 공개했다.

주로 동남아 밀림에 살며 하늘을 나는 파라다이스 나무 뱀은 나무와 나무 사이를 날아다니는 것이 특징이라고 했다. 활공 시에는 머리에서 꼬리까지 몸을 납작하게 만들어 몸이 두 배나 넓어지는 게 비행 비법이라고 밝혔다.

가끔 더 넓은 마음의 훌륭한 리더십을 갈망할 때마다 날아다니는 뱀이 생각났다. 그럴 때마다 두 측면에서 많은 아쉬움을 느꼈다. 하나는 가정에서 좋은 가장의 역할이고, 다른 하나는 일터에서 더 좋은 리더의 역할이었다. 어떻게 할 것인가? 그렇게 스스로 리더십에 대한 문제점을 극복하고자 힘썼다.

더 좋은 리더가 되려면 공부로써 실력을 갖추는 길 외엔 다른 방법이 없었다. 「반야심경」의 '조견오온개공 도일체고액照見五蘊皆空 度一切苦厄'을 연상했다. 그럼 오온은 무엇인가? 개인 존재를 구성하는 '5개의 집합'이다. 즉 색·수·상·행·식色·受·想·行·識을 말한다. '색'은 물질적인 형태로써 육체를 의미한다. '수'는 감수感受 작용인데 의식 속에 어떤 인상을 받아들이는 것, 감각과 쾌·불쾌 등의 단순 감정을 포함한 작용을 말한다. '상'은 표상 작용으로 의식 속에 상像을 구성하고 마음속에 어떤 것을 떠올려 관념을 형성하는 것, 대략 지각·표상 등을 포함하는 작용이다. '행'은 형성 작용으로 능동성·잠재성 형성력을 의미한다. '식'은 식별작용을 말하는 것으로서 대상을 구별하고 인식·판단하는 작용, 혹은 마음의 작용 전반을 총괄하는 주체적인 마음의 활동을 말한다. '수' 이하의 사온四蘊은 정신적 요소로 색온色蘊과 결합하여 심신心身을 이루기 때문에 명색名色이라고도 불린다. 개인의 존재는 이 오온에 의해 성립하는데, 세속적 입장에서는 이렇게 하여 성립한 모든 것을 총괄하여 나[我] 또는 자기自己라고 부른다.

조견오온개공 도일체고액은 오온이 공함을 비추니 모든 고통에서 벗어났다는 뜻이다. 리더십의 발현도 이 오온의 영향을 받는다. 머릿속으로 그림을 한번 그려보자. 캄캄한 밤에 자동차 전조등을 켜고 길을 간다. 온통 주위에는 어둠밖에 없다. 자동차 전조등 불빛에 비치는 부분에 길이 드러나고 나무가 드러나고 굴곡이 드러나고 비치는 대로 사물들이 드러난다. 자세히 보면 면전에 사물이 드러나는 것이 아니라 빛이 모양을 드러낸다. 심리적인 것도 마찬가지이니, 우리에게 펼쳐지는 감에 욕을 불안·혐오·미움 이런 것이 일어나지만 그것이 혼자 일어나지 않느니, 그 무엇이 작용해 그런 모양을 띠고 일어나는 것이다. 그러기에 오온을 잘 관리해야 제대로 된 리더십이 발휘된다고 할 수 있다.

리더십에 관한 저술로 유명한 러셀 유잉은 조직의 측면에서 보스와 리더의 차이를 밝혔다. 보스는 비난을 남에게 돌리고, 리더는 잘못을 바로잡는다. 보스는 모든 것을 알고 있고, 리더는 질문을 한다. 보스는 일을 힘들게 만들고, 리더는 흥미롭게 만든다. 지난 시간을 뒤돌아보게 한 지적이다.

이순신 장군이나 나폴레옹 황제의 리더십도 배우기 위해 힘썼다. 이순신 장군은 자기 자신을 낮추는 희생적 겸양과 솔선의 리더십으로 살신성인을 보였다. 불가능은 없다고 외치던 나폴레옹은 뛰어난 지도자였지만, 그의 판단이 늘 옳지 않다는 사실을 도외시한 채 자만하였고, 러시아 정복을 위한 전쟁으로 인해 결국 비참하게 쫓겨나는 신세가 됐다.

더 좋은 리더가 되기 위해서는 결코 혼자서만 앞서가는 사람이 되어서는 안 된다. 다른 사람들의 의견을 존중하고 이해하며, 상대편으로서도 그 장단기적인 계획을 충분히 검토할 줄 아는 사람이 되어야 했다. 어느 때는 한 발짝 뒤에서 구성원들을 뒷받침해주는 역할도 마다하지 않는 것이 훌륭한 리더의 자질이 아닌가 생각하게 된다.

역사상 명령과 통제로만 이루어진 위계질서는 오랫동안 유지되기 어려웠다. 영화 '명량'에서 이순신 장군은 결연하게 두려움을 극복하면 전쟁에 이길 수 있다고 말했다. 이렇게 부하들과 합치된 군령을 이끌었다. 명령하는 자와 명령받는 자 사이의 감정적 간격과 괴리를 메움으로써 마음속으로 함께 기꺼이 따르도록 만들고 한 몸 한뜻으로 뭉친 것이 승리 요인이었다.

이렇게 한마음 한뜻이 되려면 『대종경』 인도품 22장에 밝혀진 것처럼 지도자의 굳건한 실행 의지가 있어야 한다. 그리고 인도품 45장에서 네 가지로 가르침을 주신 것처럼 더 좋은 리더가 되기 위한 자세를 익혀 활용하기도 해야 한다. 심교心敎로 리더의 마음을 체 받게 하고, 행교行敎로 리더의 실행을 체 받게 하고, 언교言敎로 모든 사리를 순순히 타일러서 가르치고, 엄교嚴敎로 때로는 부득이 위엄으로 가르치는 심법을 실행해야 한다.

재미있게 읽었던 리더십에 대한 탐독서를 통해 얻은 교훈을 다섯 가지로 정리했다. 첫 번째는 모든 일이 다 논리적이진 않지만 논리에 따라야 하고 감정은 배제하는 것이다. 두 번째는 다양함을 존중하는 것이다. 서로 다르다는 점이 집단이 강해지는 것이라고 인식하고 함께 기뻐하면 된다. 세 번째는 자기 스스로의 혁신으로 힘을 얻는 것이다. 새로워지는 힘을 간과해서는 안 된다. 네 번째는 원활한 커뮤니티를 리더의 가장 중요한 덕목 중 하나로 인식해 실천하는 것이다. 다섯 번째는 안락한 환경에 안주하지 않는 것이다. 편안함만을 추구하면 리더십이 제대로 발휘되지 않는다.

이렇듯이 훌륭한 리더는 지속적으로 배우며 새로워지기를 거듭하면서 과업을 이루어내는 사람이었다. 시대적 상황을 전체적으로 볼 수 있는 통찰력과 그 일들을 처리해 낼 수 있는 지혜를 가지고서 계획하고 목표한 일을 이루도록 앞서 실행하는 사람이었다. 전체를 하나로 만들고 더 높은 목표를 모두의 믿음으로 이루는 사람이었다. 늘 분발하며 상기하고 또 노력해서 보완하고 채워가면서 살면 좋을 것 같다.

(5) 행복한 미소

모처럼 별일 없던 터라 창문을 열고 앞산을 바라봤다. 이 생각 저 생각 속의 망중한을 즐겼다. 늘 참으로 필요했던 행복한 미소도 여러 번 되풀이해 지어 봤다. 눈을 가늘 모양으로 지그시 감아도 보고, 입은 전시 모양으로 해 입꼬리가 자연스럽게 위로 올라가 있게 한 모습을 손거울로 쳐다보기도 했다.

이런 모습으로 살자, 어떤 어렵고 힘든 경계가 밀려올 때라도 그 경계가 복과 혜를 증장하는 참 공부로 연결되기를 바라며 미소를 지어보자, 이렇게 생각할 때였다. 현관의 초인종 소리가 들렸다. 방하착放下着을 거두며 인터폰을 들었다.

어떤 할머니 한 분이 현관 앞에 서 계셨다. 곧 나갑니다, 이렇게 말하고는 급히 계단을 내려가 1층 출입문을 열어드렸다. 할머니 어떤 일로 오셨나요? 이렇게 용무를 물으니, 원불교에 대해 궁금한 게 있다며 내 눈치를 살피셨다.

그렇다면 잠시 들어오셔서 저기 의자에 앉으세요, 이렇게 권하고는 얼른 전기 포트에 물을 붓고 스위치를 켰다. 그리고 잠시 뒤 물 끓는 소리에 맞춰 일회용 커피를 타드렸다. 할머니는 호호 불어 가며 참 맛있게 드셨다.

그리고는 어떤 일로 교당 앞을 지나가던 길인데, 평소 궁금하던 게 있었으니 이해하라고 말씀하신 후 이것저것 꼬치꼬치 물으셨다. 마치 옷가게에 들어가 이 옷 저 옷 고르다가 미안한 맘 안고 그냥 돌아 나올 때 같은 기분이 되었다. 대체적인 교리나 법회 일시를 묻고는 기약도 없이 그냥 돌아서서, 이제 가야겠다는 말을 하신 후 휙 돌아서서 발걸음을 떼셨기 때문이다.

얼른 뒤따라가 현관문을 열어 드리며 잘 가시라고 배웅을 했지만 상쾌한 맘보다는 왠지 미안한 마음이 됐다. 다시 현관문을 닫고 생활관에 올라왔다. 현관문을 여닫았던 순서 따라 내가 한 취사는 잘 되었는지 생각했다. 그래도 영생을 이끄는 주인공이 내 마음이라는 믿음을 놓지 않았기에 불편하지 않게 친절을 다하며 나 자신을 바라볼 수 있었던 꽤 괜찮은 시간이었다. 그러나 맘에 드는 옷이 없을 때 그냥 뒤돌아 나오던 생각을 하며 법장사로서의 미안함을 다시 한번 마음에 새겼다.

이렇게 홀로 있다가 둘이 있게 되고, 다시 홀로 있게 되었을 때마다 참으로 행복한 미소를 지을 수 있는가? 스스로 묻고 답하며 미소 짓는 마음 챙김의 시간이 조금 더 길게 이어졌다.

인생의 그 어떤 순간에도 법신불 사은님과 내 마음이 연결되는 지혜의 깊이가 더 깊어지고 넓어져야 함을 이럴 때마다 절감하게 된다. 오늘도 그랬다. 늘 행복한 미소를 생각하고 연습하며, 더 자애롭게 변화된 얼굴을 만들어야 할 것 같다.

미국에서 거리의 철학자라 불린 에릭 호퍼의 말이 떠오른다. 성숙한 사람은 귀에 들리는 것보다, 눈에 보이는 것을 더 신뢰한다고 했다. 한마음의 빛이 된 얼굴로 살아야 한다. 또다시 행복한 미소를 지어 봤다.

(6) 가장 아름다운 모습

세밑이다. 또 한해를 흘려보내며 지나온 세월을 생각해 본다. 어떤 경우든지 우월감과 자만심에 빠지면 세상이 고통스럽다. 제대로 살아가려면 이해하고 개선하려는 노력이 있어야 했다.

세상에 있는 그대로의 사물을 보기 위해 힘써야 했다. 아름답게 보고, 따뜻하게 공감하는 마음으로 하루하루를 살아온 것만큼 크나큰 행운은 없었다. 인생의 아픔을 넘어 삶의 아름다움을 볼 때는 어느 하나도 빠짐없이, 한순간도 예외 없이 있는 그 자리에서 한 톨 씨앗이 됐다.

그냥 내버려 두지 않고 최선을 다해 살아가는 것이 인생을 아름답게 하였다. 마음의 성장은 자기 말에 대한 불신을 극복하는 길 위에 있었다. 이런 이치와 같은 마음을 낼 때 더 행복했다.

이렇게 세상의 모든 것에 공감하고 위로하는 진정한 사랑의 실천도, 처처불상 사사불공이란 활불의 함의도 이럴 것을 알았다. 바쁘다며 놓치기 쉬운 생각을 새롭게 찾아내고, 세상을 아름답게 볼 때까지 마음속 부처님이 자리를 비웠다.

높은 자리보다 낮은 자리를, 채움보다는 비움을, 직선보다는 곡선을, 강함보다는 부드러움의 가치를 익히며 말하고 싶었다. 또 그렇게 실행하며, 새롭게 깨칠 수 있었던 기억을 잊지 않고 느리게 살기를 잘했다 싶다. 그저 기쁘게 선택하고 한껏 마음을 비우기로 하면, 그리하는 게 가능해졌던 그 시간 속 나는 물의 덕을 그리워하기도 했다.

부드러운 것이 가장 강한 것이라 했지만, 물은 강한 힘을 지녔다. 물은 낮은 곳으로 흘러 하나가 되고, 음과 양으로 합하고 돌고 돌아 생명을 키우는 대해장강의 물결은 한계도 짓지 않는 공유의 정신을 가르쳐줬다. 내 존재 방식도 이렇게 변화되어 있는지, 가장 아름다운 모습을 떠올리며 돌아볼 수밖에 없을 것 같다.

(7) 부처를 닮고 싶은 마음

일상은 반복된다. 무료함과 지루한 일상을 반복하기보다는, 늘 기쁨 가득한 사람이 되어야 한다. 자꾸만 작은 재미와 놀라운 행사를 찾아 나서면 그 사소한 즐거움에 매몰된다.

사사물물事事物物과 마주한 현상에 더욱더 자유로워질 수 있는 마음의 힘을 갖추고 자신의 생활 속에서 활짝 펼칠 수 있어야 한다. 순간의 마음, 알아차리는 방식에 주목하고 삶의 아름다움을 찾아 마음 닦기를 실행해 가야 한다.

이렇게 삶의 가치 있는 일과 실용적인 목적에 집중할 때 자기를 더 적극적으로 변화시킬 수 있다. 이런 마음과 정신으로 한껏 맑고 밝고 훈훈하게 살아야 한다.

그런 순간을 자꾸 흘려보낸다면 오랫동안 기억할 수 있는 감미로운 삶이 멀어져 갈 수 있다. 늘 여여如如할 수 있는 공부심을 가져야 한다.

마음을 닦은 만큼 우주의 분별없는 자리를 깨쳐 큰 지견을 얻을 수 있다. 어떤 천만 경계에도 변함없이 기쁘게 존재하는 사람이 된다. 이처럼 마음을 닦고 안 닦은 차이는 실로 현격하다.

누구나 공부의 차이나 실력의 차이를 느끼는 순간이 있다. 그렇다고 해서 자기를 탓해서 어찌하겠는가. '난 참으로 못났소' 이렇게 말하는 사람이 될 필요는 없다. 마음을 닦으면 벗어날 수 있는 일이기 때문이다. 이런 자기 가치의 발현에 집중할 필요가 있다.

늘 잘 어울리려는 마음으로 모두가 부처라는 마음이 일어나야 한다. 부처로 보기를 망설이지 말아야 한다. 상대가 부처라는 마음을 내고 들이는 것이 자유로우면, 모든 인연의 우러름을 받는 활불이 된다고 하셨다. 이런 마음이 자기 지향점임을 잊지 말아야 한다. 초심불망初心不忘하며 시종여일始終如一하게 부처를 닮고 있다는 마음을 가질 때 기쁨이 넘친다. 부처를 닮고 싶은 마음이 중요하다.

(8) 내 탓이오!

사람들은 다들 좋아하는 일을 통해 자아를 추구한다. 그렇게 기쁘고 행복하게 살기를 바란다. 그러나 어떤 존재 방식에 고착된 채 오로지 자기만을 위하는 사람들도 있다. 자기를 뒤돌아보지도 않고 막 사는 것처럼 느껴진다. 이렇게 살게 되면 자신이 어떤 생각에 빠진 사람인지 잘 알아차리지 못하고, 자신이 함께하는 사람이나 주변 사람들에게 큰 피해를 줄 수 있는 행동을 하는 줄도 잘 모르게 된다.

옆집 총각이 악을 쓰듯 불러대는 한참 동안의 노랫소리에 귀를 잠시 막았다. 그렇게 귀를 막는 것으로는 소음경계가 해결되지 않아 밖에 나가 산책하며 피경하는 시간을 보내야만 했다.

공원을 걷는 동안 남을 배려하는 마음, 그 마음에서 나오는 유연함이 참 좋은 무형자산임을 생각했다. 이런 마음을 실행하지 못한 그 젊은 친구를 탓할 필요도 없었다. 긴 인생의 여정 속 행복을 찾아가는 유연한 생각을 위해 노력해 온 시간을 생각하며 공원을 산책한 것으로 모든 불만은 해소됐기 때문이다.

이 세상 모두가 어떤 상황에 따른 결과를 생각하며 행동하면 좋을 텐데, 참으로 이기적이게도 자기만을 위한 행동을 너무도 당연시하며 반복하는 사람들이 의외로 많다. 오늘처럼 주변에 소란을 피우는 상황이 발생할 때마다 그 영향을 받는 사람 모두를 배려하는 마음으로 한 번 더 생각하고 행동하면 좋을 텐데 '왜 그렇게 하지!' 이런 생각을 하는 경우가 종종 있었다.

자기 자신으로 인해 그 누군가가 주눅이 들거나, 마음 상하는 것을 잘 모른 채 실행하는 사람들이 늘 문제이다. '그런 상황이 내 탓이오!' 이렇게 말해주면 좋을 텐데 그렇게 미안한 마음을 가져주질 않는 것 같다. 착하게 배려하며 살기엔 참으로 만만찮은 현실이다.

그렇지만 나는 지금 또다시 유합가명有合可明의 일을 생각한다. 나 스스로라도 이렇게 생각을 하고 행동해야 일상의 모든 일이 더 아름답게 실천된다고 생각해왔기 때문이다.

모든 일이 '내 탓이오!' 이렇게 말하는 것만으로도, 자기 스스로가 가야 할 길이 어떤 길인지, 무엇을 할 수 있는지 잘 알게 된다. 이것만으로도 감사한 일이다.

다시 기대해 본다. '내 탓이오'를 선용하는 사람들이 더 많아지고, 남을 배려하며 자기의 욕구를 발산하는 사람들이 더 많아졌으면 좋겠다.

(9) 변화의 시도

초등학교 6학년 아이들의 마음공부 수업을 진행하면서 주고받은 이야기이다.

아이들이 갑자기 내 옷을 트집 잡았다. 입고 있던 상의가 야하다고 이구동성으로 말했다.

장난기 많은 개구쟁이가 "교무님! 그 옷 너무 야해요!"라고 말했다. 왜 야한지 그 이유를 물었다. 흰색 바탕에 청색 줄무늬 상의 남방에 러닝셔츠가 훤히 비친 것이 이유라고 했다.

아이들 20여 명이 한 그룹이 되어 그리 말하니 정말 그런지 아이들의 수준으로 생각을 했다. 그동안 십수 년 입었던 옷, 이렇게 입고 다녔어도 무슨 말을 들은 일이 없었다. 아니 괜찮았는데 이게 어찌 야한지, 어찌 그런 생각을 가지고 나를 파란 눈으로 보는지 그 아이들에게 마냥 묻고 따질 수만도 없었다. 그냥 아이들과 함께 큰 소리로 웃었다.

찜통더위가 기승을 부리는 관계로 바람이 잘 통하는 옷을 선택해 입고 나간 것이다. 그 옷을 입고 다니면서 그 어떤 사람에게도 들어보지 못한 이야기를 들었다. 이것이 세대 차이인가? 아니면 이 아이들이 나를 놀리려고 한 말인가?

잠깐의 혼돈은 그렇게 흘러갔다. 하지만 일상 수행의 요법을 떠올리며 정과 혜와 계를 세우고, 귀여운 요정들의 장난이라고 생각하며 맞장구치고 웃었다. 웃는 것 외에 별다른 도리가 없었다.

바로 이런 것이 함께 하는 동안 서로의 기운을 잘 통하게 하는 관심과 배려였다. 아이들의 마음과 내 마음을 통해 이어지는 기분 좋은 소통이었다. 시각이 다른 트집에도 여여如如하게 함께 어울려 웃으며 마음을 더 넓고 깊게 하는 변화의 시도가 됐다.

어린 시절 참 많이 들었던 이야기가 있다. 세 살 버릇이 여든까지 간다는 속담이다. 차분히 생각해 보면 세상을 살아가는 동안의 습관이나 그 어떤 변화가 그리 쉽지 않다는 역설적 가르침이었다. 하지만 마음이란 무형자산의 공간을 더 늘리려는 자기 공감과 거듭된 변화시도를 무엇보다도 우선시해야 할 것 같다.

(10) 또, 어떤 원을 이루고자 한다면

미국의 심리학자 매슬로는 사람은 욕구欲求 때문에 더 새로운 삶의 동기가 유발된다고 했다. 이러한 욕구는 단계별로 형성되며 생리적 욕구로부터 안전의 욕구, 사회적 욕구, 자기존중의 욕구, 자아실현의 욕구에 이르기까지 모두 다섯 단계로 나눠진다. 그리고 하위下位 단계의 욕구가 어느 정도 충족되면 다음 단계의 욕구를 추구하게 된다고 말한다.

이렇듯이 서 있는 곳이 다르면 또 다른 원을 갖게 된다. 어떠한 원을 발하여 그 원을 이루고자 하거든 보고 듣는 대로 원하는 데에 대조하여 연마하고 실행해 이루는 단계적 지향의 방향성과 추동력이 꿈틀대는 것을 느끼게 된다.

어떠한 원을 발한다는 것은 소원이나 서원을 마음 밖으로 끌어내 그 일을 해내겠다는 의지를 분명히 하는 것이다. 세상을 수용하고 이해하며 지혜롭게 욕구를 충족하며 살겠다는 것이다. 어떤 원을 발한다는 것은 자신의 미래를 위한 매우 중요한 행동이다.

인생은 마라톤과 같다고 했다. 무엇보다도 완성도를 높인 실행이 중요하다. 하지만 계획하고 실천해도 때때로 그저 주저앉고 싶을 때가 있다. 그러다가 지쳤던 마음이 회복되고 또 힘이 나고, 언제 그랬냐는 듯이 다시 목적지에 다다르게 되는 기쁨을 느낄 수도 있다.

그러나 끊임없이 걷거나 달리기만 하는 것은 그다지 현명한 사람이 하는 일은 아니다. 지속해서 경쟁하며 살아가는 것도 지혜로운 일은 아니었다. 언제든지 사랑과 겸손, 그리고 감사하는 마음을 가질 수 있어야만 행복할 수 있기 때문이다.

어떤 삶을 살 것인가 하는 것은 전적으로 자신이 가진 자기 결정권에 속한 문제다. 레미제라블을 쓴 빅토르 위고는 "등불을 만든 것은 어둠이고, 나침판을 만들게 한 것은 안개였다."라고 말했다. 세상의 모든 것을 새로운 눈으로 보는 연습과 실행을 통해 극하면 변하는 이치를 알게 됐다.

특별한 날을 정하지 않고 시간이 되면 도심의 미로나 야산의 올레길을 걷고 걸었다. 무거워진 몸을 내려놓기 위한 순화나 긴장을 푸는 운동을 하는 것이 많은 도움이 됐다. 회색빛 건물 사이로 이어진 화단에서 커 가는 수목들이 또 다른 가르침을 주었다. 대자연과 조화를 이루는 거목들을 통해 자연 순환의 이치를 볼 수 있었다.

하지만 무언가 이루었다고 말할 수 있는 것들을 이제 버려야 할 것 같다는 생각을 하게 된다. 언제든지 머리에 꽉 찬 것들을 치우고 비워야 더 편안하고 행복했다.

또다시 어떤 원을 이루고자 한다면 눈으로 보고, 귀로 듣고, 손으로 만져지는 모든 것들을 새로운 시각으로 볼 수 있어야 한다. 그래야 어떤 목적과 목표가 있는 길에서 더 원만하게 추구해 나아갈 수 있다.

(11) 사랑하는 힘
무위진인無位眞人의 사랑을 생각한 하루였다.

가끔 좋은 일 하는 양반이라고 추켜세워 주시는 할머님이 찾아오신다. 어르신께 인사를 드렸다. "그동안 안녕하셨지요!" 어르신은 "네"라고 응답하시며 "너무 고마워서 왔어요" 이렇게 말씀하셨고 손에 들고 계시던 봄꽃 화분을 탁자 위에 내려놓으셨다. 그리고는 "고맙고 고맙다" 하시며 내 손을 잡아끄셨다. 그리고는 말씀을 하셨다. "자판기 커피라도 한잔하시게요!" 나는 "네"라고 답하곤 잡아끄시는 대로 따라갔다.

커피자판기가 있는 곳에 이르렀다. 어르신은 허리에 찬 조그만 가방을 열고 지갑을 꺼내셨다. 500원짜리 동전 두 개를 손에 쥐여 주셨다. 동전 한 개로는 지금 커피 한 잔씩 합시다. 그리고 나머지 동전 한 개로는 언제든지 커피 한 잔 하라고 웃으시며 말씀하셨다.

나는 500원짜리 동전 한 개를 커피자판기 동전투입기에 넣고 커피 두 잔을 뽑았다. 100원짜리 동전 한 개가 또 잔금으로 떨어졌다.

커피 한 잔을 어르신께 드렸다. 자판기 앞 의자에 앉아 고소하고 달콤한 커피를 천천히 마셨다. 어르신은 비워진 종이컵을 수거함 위에 던지시곤 못다 한 이야기를 가슴 속에서 토해내듯 말씀하셨다.

"며느리가 남겨 놓고 떠난 손주도 이제 다 키웠으니 죽어야 하는데 죽지도 않아, 교무님 어쩌면 좋아?" 어르신은 사랑하는 힘이 이제는 부친다고 말씀을 이으셨다. 자연스럽게 내 말문이 열렸다. "손자를 멋지게 키워놓았으니 손자가 성공할 때까지 건강하고 행복하게 사셔야죠" 어르신은 한참 동안 내 얼굴을 쳐다보셨다.

나에게 사랑은 무엇인가? 참으로 소중한 생각을 하게 한 시간이었다. 누구의 삶이든 이렇게 본능적 헌신을 삶의 시간과 공간 속에 투영한다. 성취감도 있고 뿌듯함도 있다. 응축되어 발산되는 사랑할 힘이 이렇게 존재의 중심을 좌우한다는 생각을 했다.

(12) 환희용약

모든 사람이 바라는 행복한 삶은 스스로 자기 삶의 주인공이 되어있을 때 가능해진다. 건강한 미래는 그냥 오지 않는다. 자기를 긍정하는 성찰을 통해 행복한 삶을 누릴 수 있는 준비를 할 때 아무 소리 없이 찾아온다. 현재의 고통을 극복하며 때를 기다리고 노력하면서 자기의 환경을 바꾸는 힘을 길러야 한다.

일 잘하는 사람은 중요한 일부터 하고, 일 못 하는 사람은 급한 일부터 한다는 말이 있다. 이런 태도를 사유할 수 있는 글이 있다. "습이불찰 찰이불각 習而不察 察而不覺"이다.

풀이해본다. 이미 습관이 돼 발견하지 못하고, 발견해도 느끼지를 못한다는 뜻을 담고 있다. 그렇다. 자기 생각과 실행 과정을 살피며, 시간이 흘러간 만큼 더 나아진 사람으로 존재하려는 노력이 없다면 그럴 수 있다.

정오를 갓 지나 찾아오신 할머니 한 분의 이야기를 들으면서도 줄곧 이런 생각에서 헤어날 수 없었다. 모락모락 김이 솟아오르는 녹차를 한 모금 하시더니 평생 사신 이야기라며 말씀을 쏟아내셨다.

"나는 결혼하여 얼마 지나지 않아 아들을 얻었어요. 알콩달콩 재미나게 사는가 싶었는데 몇 년 안 되어 갑작스럽게 남편과 사별했어요. 앞날이 막막했지만 힘을 내며 지인이 소개해준 조그만 회사에 다니면서 근면 성실하고 기쁘게 살았어요. 열심히 저축했고 예쁘고 믿음직한 아들에게 희망도 걸었지요. 기대 이상 공부를 잘했던 아들은 대학을 졸업하고 사회생활을 하며 결혼도 했고 손자를 내 품에 안겨주었어요. 마냥 좋고 행복했지요.

그런데 어느 날 아들이 회사도 퇴직하고 부동산까지 정리해 사업을 한다며 새로운 도전에 나섰어요. 한때는 잘 나가는 것 같았지요. 퇴근하여 집에 들어올 때는 가끔 가족들이 좋아하는 맛있는 음식도 사 왔고 또 함께 모여 맛있게 먹으며 정말 다복했어요! 하지만 호사다마라고 할까요. 불운이 찾아왔어요. 아들이 사업을 확장하며 빌려 쓴 사업자금을 갚을 길이 어렵게 될 만큼 모든 것이 어려워졌어요. 며느리는 그 후 집을 나갔어요. 그래도 아들은 살아보겠다고 열심히 일하며 카드빚을 갚기 위해 동분서주했어요. 그래서 내가 손자의 양육에 나섰지요. 사춘기를 겪고 있는 손사는 다행스럽게 학교 공부도 잘하고 너무 예뻐요. 힘들어하던 아들도 좋아하고 그만큼 집안이 밝아졌지요. 그래서 오늘은 용기를 내 손자의 공부에 어떻게든지 도움이 될까 해서 이렇게 찾아왔어요. 손자의 학자금이나 생필품을 조금이라도 후원이라도 받을 수 있는지 알아보려고요"

어르신께 말씀을 드렸다. "지금 힘들어도 용기를 내셔야지요. 기쁘게 사셔야 좋은 일이 많아지실 겁니다. 도움의 길을 찾아보도록 하겠습니다. 어르신 힘내세요!" "많이 힘들어도 힘이 나네요! 이 사람의 소원은 손자가 커서 사람답게 멋지게 사는 거예요. 꼭 좀 살펴주시게요"

"네! 노력하겠습니다" 한참 후 일어서시는 어르신의 얼굴이 조금은 밝아 보였다.

가족의 삶이 어려워도 그 가운데에서 버팀목이 되려는 어르신이 정말 장해 보였다. 날마다 좋아서 뛰듯 환희용약歡喜踊躍하는 삶이 그 어르신 앞에 펼쳐지기를 기도했다. 맞닥뜨리는 어려움에 맞서 이겨내고 매일 매일 환희용약하는 마음으로 사시길 바란다.

(13) 습관의 재발견

인생에서 가장 중요한 것이 무엇일까? 가장 좋게 필터링 된 이미지를 생각해 봤다. 그 많은 것 중에서도 참으로 중요한 일은 좋은 습관을 지니는 일이었다.

무작위적인 실행을 지향해야 한다. 관상 중에 낭고상狼顧相이란 것이 있다. 몸은 움직이지 않으면서 머리만 돌려 보는 상이다. 자신도 모르는 사이에 이런 사람이 되어 가면 마음속에 든 것이 남의 것을 훔치고 해치려는 흉험한 생각이 더 많을 수도 있다.

삶을 업력과 나이 듦에 따른 순환성 정도로 이해하였다면, 이제는 받아들인 현재 상황 속에서 더 좋은 모습이 발현되는 습관을 지니도록 노력해야 한다. 인생의 계획된 목표 달성을 위해서라도 좋은 습관을 지니는 재미를 새롭게 느낄 필요가 있었다.

어떤 변화든 자신이 원하는 성장과 발전을 위해서는 어느 사소한 관계나 실행의 일이라도 은혜를 생성하는 일을 해야 한다. 이런 습관의 재발견을 지향할 필요가 있다. 이런 자세로 매일매일 습관을 재발견해야 한다. 아무리 사소한 계획도 자기 존재를 새롭게 하고 더 가치 있게 하는 믿음과 효능이 된다.

프랜시스 베이컨은 아는 것이 힘이라고 말했다. 그러나 아는 것으로 항상 상상하는 수준에 그친다면 그것은 자기 자신의 진정한 힘이 될 수 없다. 그래서 생각만으로 그치지 않고 굳은 다짐과 실천이 뒤따르게 해야 한다. 세상을 사는 동안 느껴 온 자신만의 장단점을 스스로 평가하고 더 높은 곳을 향해 가야 한다.

몸에 맞는 운동을 한다고 수년 동안 나름대로 운동을 했다. 헬스장을 오가면서 자신을 확인하며 갖게 된 생각이 있다. 바쁘다는 핑계를 댈 필요는 없었다. 쭉 도외시해왔던 운동이라도 계속하다 보면 그 기쁨을 느낄 수 있었다.

그러나 처음에는 이곳저곳 관절이 아팠다. 조금 흡족하게 걸었다 싶으면 엄지발가락 마디가 쑤시고 아팠다. 언젠가는 운동화의 품질이 나빠 그런 것인가 의심도 했다. 하지만 그래도 걷고, 또 걷고 자기 근력을 가늠하는 역기나 바벨을 들고, 또 들면서, 그렇게 걷는 운동과 손으로 드는 운동을 더해 갈 수 있었다. 운동을 좋아하는 사람들이 왜 그렇게 운동을 하는지 이해할 수 있는 재미도 느꼈다. 저녁 시간의 운동이 습관이 됐다.

자기를 새롭게 이끌어가겠다는 의욕과 실행의 동기를 잘 조절할 필요가 있다. 마음이 시키는 대로 자기 습관의 재발견을 통해 새롭게 변화할 필요가 있다. 더 좋은 생각, 더 참된 생각을 통해 자기의 습관을 재발견하며 앞으로만 나아간다면 더 가뿐해진 몸과 마음으로 자기 믿음을 즐길 수 있을 것이다. 더 충만해진 법신불의 은혜 속에 사는 삶의 길이다.

마음은 살아있다. 습관의 재발견을 통해 자기 자신이 바르게 살아왔음을 확인할 필요가 있다.

(14) 최상의 성취

그리스 신화에는 매우 탐욕스러운 왕이 등장한다. 미다스 왕이다. 미다스 왕은 재산이 엄청나게 많았음에도 더 많은 재화를 원했다. 왕은 술[酒]의 신 디오니소스에게 손에 닿는 모든 것을 황금으로 변하게 해달라고 간청했고, 디오니소스는 소원을 들어주었다. 그 후 미다스 왕의 손에 닿기만 하면 황금이 되어 버렸다.

이후 미다스 왕이 생각하지 못했던 문제가 발생하기 시작했다. 만지기만 하면 황금이 되었기 때문이다. 정원수나 조각물, 가구 할 것 없이 황금으로 변했다. 음식도 마음 놓고 먹을 수가 없었다.

상심한 왕이 하루는 무심코 자기 딸을 안았다가 버럭 화를 냈다. 사랑하는 딸이 금덩어리가 되었기 때문이다. 이에 미다스는 다시 디오니소스를 찾아가 원래대로 모든 것을 되돌려달라고 부탁했다. 다시 디오니소스의 선심으로 미다스는 강물에 목욕했고, 원래의 미다스로 돌아왔다.

이런 연유로 오늘날에도 탐욕이나 과욕을 곧잘 미다스의 손으로 비유한다. 소시민으로 살더라도 물량적 성장과 그 형태 간에는 어떤 관계가 있는가 늘 생각하는 것도 자신을 위해 꽤 괜찮은 일이 될 것이다.

행복은 삶을 대하는 태도이며 스스로 선택하는 것이다. 물량적 성장 과정만을 부러워해서는 안 된다. 쌓아놓은 돈과 황금으로만 행복해지는 것은 아니기 때문이다.

최상의 성취가 무엇인지 마음 깊이 생각하고 추구해야 한다. 더 큰 기쁨과 행복의 상수는 자기의 지애至愛에서 나온다고 했다.

(15) 구원과 축복

스승님들은 찾아뵐 때마다 마음의 원리를 아는 게 중요하다고 하셨다. 우리는 원래 부처라고 하셨다. 원래 구원되어 있으니 자신을 축복하며 세상을 바로 보는 공부를 하라고 하셨다.

돌이켜보면 신나게 사는 모습이 본래 구원의 모습이요, 자신을 축복하는 삶이었다. 그래서 항상 기쁘게 웃으며, 더 맑고 밝게 사는 마음 내기가 필요했다. 당연한 일이지만 원망하지 않고 감사하는 마음이 됐다.

늘 스스로 부처라고 생각하면 겸손해지고 친절해지고 아름다워진 나를 느낄 수 있었다. 이렇게 구원받은 자신을 축복할 때마다 많은 사람의 마음을 따듯하게 하는 성불제중지연成佛濟衆之緣을 생각하게 된다.

TV를 통해 '먹고 기도하고 사랑하라'라는 영화를 봤다. 2009년 9월 개봉된 영화로, 라이언 머피가 감독하고 줄리아 로버츠와 하비에르 바르뎀이 주연배우였다. eat pray love의 줄거리를 통해 구원된 모습으로 자기를 축복할 때만이 한결같은 힐링이 가능해진다는 사실을 확인할 수 있었다.

안정적인 직장, 번듯한 남편, 맨해튼의 아파트까지 모든 것이 완벽해 보이지만 언젠가부터 이게 정말 자신이 원했던 삶인지 의문이 생긴 서른한 살의 저널리스트 리즈는 결국 진짜 자신이 원하는 삶을 찾아 나섰다. 용기를 내어 정해진 인생에서 과감하게 벗어나 보려고 실행했다. 일, 가족, 사랑 이 모든 것을 뒤로 한 채 무작정 1년간 긴 여행을 떠난 리즈는 이탈리아에서 신나게 먹고, 인도에서 뜨겁게 기도하고, 사원의 이곳저곳을 청소하며 깨닫는 이타적 봉사활동도 한다. 이어진 발리섬에서의 여정에서는 진정한 행복을 느끼고 있는 자신을 발견하며 인생과 사랑을 다시 시작할 수 있을지 스스로 묻고 답했다.

한 편의 영화였지만, 신나게 사는 것이 구원이요 축복임을 깨닫게 하였다. 구원되어 있음을 축복하는 일은 정말 필요한 일이다. 이런 생각을 이제 마음자리를 찾아 사랑을 실천하는 삶 속에서 풀어내야만 한다. 누구나 진즉 구원되어 듬뿍 축복을 받고 있다고 생각하는 것만으로도, 날마다 신나게 산다는 생각으로도 늘 밝은 미소를 띨 수 있을 것 같다.

2) 분忿

분忿이라 함은 용장한 전진심을 이름이니, 만사를 이루려 할 때에 권면하고 촉진하는 원동력이니라. -『원불교전서』정전. 팔조의 진행사조 -

(1) 마음이 불편해질 때

인생을 사는 시간은 누구에게나 똑같이 주어진다. 성취의 기쁨을 안겨주고 좌절을 경험하게도 한다. 정신적 지주인 근원적인 생각과 육체의 건강을 담보하는 근원적인 건강을 돌보는 노력이 필수적이다.

통렬한 현실이다. 이렇게 시간이 흘러간다. 하루하루를 바쁘게 살아가며 화복禍福이 맞물려 있음을 깨닫는다. 무엇을 시작하기 전부터 두려워해선 안 된다는 생각을 하고 다짐도 한다. 늘 바른 선택과 실행만이 자신의 삶을 더 가치 있게 하는 일이기 때문이다.

그러나 마음이 불편해지는 경계가 찾아온다. 그럴 때마다 자기 자신의 경계를 더 똑바로 응시하는 노력을 해야 한다. 모든 것을 긍정적으로 수용하는 태도도 갖춰야 한다. 더 나아가 항상 상대를 귀히 인정하는 마음을 낼 수 있어야 마음이 넓어지고 깊어진다. 간단한 이치지만 인내심도 필요해진다.

만나는 사람이 그 누구고, 하는 일이 그 무엇이든지 귀히 여겨야 한다. 자기 생각과 다르다며 거부하고, 느낌이 이상하다며 밀어내고, 이견이 있다고 비난하고 흠잡으면 그것이 바로 자신을 더 초라하고 불편하게 하는 원인이 된다. 그 누구를 만나든 그 모습 그대로, 그 생각 그대로 받아들이지 못하면 그 마음은 더 요란해진다. 자기 상황이 어렵다고 적당히 넘어가거나 스스로의 허물을 덮으려고 하는 마음만 가진다면, 늘 있는 그대로 받아들이지 못할 뿐만 아니라, 고요한 마음까지도 들쑤셔 스스로 지옥의 경험을 만들기도 한다.

언제든지 편안한 태도를 지지하면서 상호관계성을 뒤돌아보고 사랑과 인내, 그리고 관용의 마음으로 실행할 때 결과가 좋다. 어떻게 더 편안하게 소통할 것인가, 어떻게 더불어 살아갈 것인가, 이렇게 저렇게 궁구하며 일상이 기뻐지도록 유의하며 불만 제로가 되도록 힘써야 하는 이유이다.

늘 감사하며 사는 것은 삶을 더 복되게 하는 길이다. 그렇게 스승님들의 말씀을 외우며 실행할 용기도 내야 한다. 귀한 음성을 들을 수 있었다. 대산 종사님의 대적공실 법문 중에서 '대지허공심소현大地虛空心所現이요, 시방제불수중주十方諸佛手中珠로다. 두두물물개무애頭頭物物皆無碍하니, 법계모단자

재유法界毛端自在遊로다'라는 법문이 참 좋았다. 이렇게 외우고 또 외우면서 무애자재한 경지에 합일하신 스승님의 모습을 머릿속에 그려보면 한때 불편했던 마음이 조금씩 편안해졌다.

부처의 삼신조화三身造化와 변장을 상상하면 웃음이 나오기도 한다. 이렇게 지각知覺의 정신을 차려야만 스스로 성찰하며 미소를 지을 수 있다. 마치 한 알의 포도도, 한 송이의 포도도 같은 포도 한 송이 속에 있었음을 잊은 채 살고 있었음을 알아차려야 했다.

『논어』에서는 국가를 운영하는 3요소인 족식足食, 족병足兵, 족신足信 중 족신足信만은 끝까지 놓아서는 안 된다고 지적했다. 개인적으로도 어떤 일이든 믿음을 통한 분발심을 놓아서는 아니 된다. 일상생활에서도 그 누구나 부처라는 이 믿음이 무너지면 훌륭한 성과도 궁극적으로 무위無爲로 끝나는 일이 되고 말기 때문이다.

행복이란 조건이 달린 요구가 아니라 이해와 수용, 그리고 양보와 배려를 담은 감사한 마음에서 샘솟는다. 행복한 마음은 조건이 아니라, 양보하는 마음에서 더 자주 솟아난다. 감사할 수 있는 마음을 낼 때 행복하다. 그렇게 겸손의 지혜를 배우고 익히고 실행해야 더 행복하다. 어떤 일의 좋은 출발점이 좋은 결과로 확인될 때 이 믿음을 확인할 수 있다. 당장 우리가 할 수 있는 것도 있고 아직 여건이 성숙하지 않은 것도 있지만, 이러한 믿음이 더 굳은 결심을 낳고, 더 굳은 결심은 더 곧은 행동을 낳을 것이다.

모든 사람이 부처이고 불성이 모두 동등하다는 스승님들의 가르침을 새롭게 떠올리며 마음에 새겼던 기억이, 법신불에 대한 감사한 믿음과 그 배움의 활용으로 연결됐다. 궁색하게 두려워하거나 굳이 고집스럽게 맞설 필요는 없다. 많은 시간이 흐를 때까지 어느 때나 조금의 불편함이라도 남아 있다면 공평公平에 눈을 뜨면 된다. 더 밝은 지혜를 구하는 자세로 어리석은 마음에 생긴 구멍을 스스로 더 빠르게 메우는 용장한 전진심과 분발심을 낼 때마다 기쁘고 편안하고 행복했다.

(2) 유의미한 위험신호

어떤 사고의 위험을 경고하는 신호를 사람들은 위험신호라고 말한다. 이런 위험신호를 방문 순교를 위해 운전하던 중 겪었다. 주행 중 자동차 계기판의 유류등이 계속해서 깜박거리는 위험신호를 확인하고 주변을 살피며 운행했다. 그러나 목적지 방향으로는 주유소가 눈에 띄지 않았다. 할 수 없이 운전 중 차가 제자리에 서는 일만은 없기를 바랐다. 상당 시간을 조마조마한 마음으로 보냈다. 주행거리가 짧은 것이 다행스러운 일이 됐고 하던 일도 무사히 마쳤다.

자동차 유류등의 빨간색이 계속 깜박거리는 것을 보며 허망한 말과 허망한 행동을 하지 않는 것이 성誠이라는 스승님들의 말씀도 떠올렸다. 앞으로는 이런 유의미有意味한 위험신호가 되풀이되지 않도록 어떤 상황에서든지 처음과 끝을 잘 살펴야 할 것 같다.

이렇게 하루를 참회 반성하며 생각해 보니 정기적으로 주유하는 일자만을 생각한 채 소홀히 한 게 문제였고, 며칠 전 장거리 주행한 사실을 잊은 채 유류등을 살피지 않고 운전한 과過가 있었다.

'성자물시종시誠者物之終始요 불성무물不誠無物'이라는 구절이 떠올랐다. 『중용中庸』 25장의 이 구절은 '성실함은 사물의 마지막이자 처음이니, 성실하지 못하면 사물이 없게 된다'는 뜻이다. 참으로 온당한 말씀이다.

예나 지금이나 성실함은 모든 것의 근원이므로, 성실함이 없다면 거기에는 이미 어떤 것도 성과로써 존재할 수 없는 것이다. 어떤 허명도 집착해서는 안 되는 이유이지만, 성심誠心으로 시공간적 변화의 본질을 꿰뚫고 대처하고 처리하는 시의적절한 준비와 실행의 중요성을 절감했다. 그러기에 돌아온 후 또 미루지 않고 곧바로 분발심을 내 주유했다.

조금 전 책상에 펴진 책장을 넘기며, '시간을 선용하면 선업이 쌓이고, 시간을 익용하면 악업이 쌓인다 적공하는 데 힘쓰면 진급이요, 방일로 소모하면 강급이 된다' 하신 좌산 상사님 법문도 외우면서 그래도 감사와 위안이 됐던 시간의 일로 기록해 본다.

(3) 사랑의 무지개다리

미국과 캐나다 국경 사이에 있는 나이아가라폭포를 TV로 봤다. '나이아가라'가 천둥소리라는 의미가 있듯이 폭포의 물이 밑으로 떨어질 때마다 바라보는 사람을 압도하는 물보라를 흩뿌렸다. 하얗게 피어오르는 물안개와 오색의 무지개가 어우러진 연무는 244m의 레인보우 브리지를 걷는 사람들을 매료시키는 너무도 아름다운 풍광이었다.

이런 레인보우 브리지를 보며 아주 특별한 아이를 떠올렸다. 초등학교 5학년인 혁이다. 혁이는 부모 역할을 도맡는 할머니와 두 살 아래의 여동생과 함께 살고 있다. 날마다 학교에 다녀오면 심한 관절염으로 인해 혼자서는 걸을 수 없는 할머니의 외출을 돕는다.

참으로 착한 아이다. 밝은 얼굴로 휠체어를 끌고 미는 혁이와 마주칠 때가 있었다. 한참 동안 쳐다봤다. 아주 능숙하게 휠체어를 잘도 다뤘다. 할머니가 손을 들어 가리키는 곳을 향해 갔다. 관광객들이 나이아가라폭포의 무지개다리를 건너듯 훌쩍 지나갔다. 가족의 삶을 더 희망차고 아름답게 이끄는 혁이가 매우 기특하게 생각됐다.

언젠가 혁이를 하굣길에 만났을 때 휠체어를 밀고 끌면 힘들지 않냐고 물었던 기억이 있다. 그때 혁이는 활짝 웃으면서 말했다. 할머니를 사랑하니까, 할머니가 친구처럼 좋으니까, 할머니가 안 계시면 안 되니까 할머니의 나들이를 돕는다고 힘 있게 말했었다.

그렇다. 서로가 사랑하고 보호하고 책임지는 사랑의 힘을 잇는 게 가족이다. 그 가족애를 통해 바라본 절망이란 본래 희망과 한 뼘 마음 차이 같은 것이었다. 한 뼘 마음 차이를 감싸는 따뜻함을 느끼게 해줬다. 이 세상 사람 모두 이렇게 서로 함께 자신할만한 타력이 되어 더 행복하게 의지하는 마음으로 상대를 보듬는 가족이 되면 얼마나 좋을까?

(4) 소화취진

인생은 외침으로 시작해서 외침으로 끝난다. 어린아이가 태어나 우는 울음소리를 듣고, 어른이 세상을 떠났을 때 우는 소리를 듣는다. 이런 가운데에서도 오이를 심으면 오이를 얻고, 콩을 심으면 콩을 얻는다는, 종과득과種瓜得瓜 종두득두種豆得豆란 인과 이치를 깨닫게 된다. 이런 말에는 재조지은再造之恩의 논리가 깔려있고, 많은 사람이 무슨 일을 하든지 훗날 더 거둘 수 있다는 기대 속에서 산다.

'내 언어의 한계가 내 세계의 한계'라고 철학자 비트겐슈타인이 말한 것처럼 그 어떤 한계를 뛰어넘는 은혜의 믿음도 갖는다. 그렇게 성취하는 길로 나아가는 분발심을 낸다. 원하는 것을 뜻하는 대로 찾고 구하며 깨닫는다.

이렇게 세상에 나아가다 보면 법신불이란 말보다 친근한 말이 없음을 발견하게 된다. 더 높은 단계에 도달하기를 꿈꾸며 어떤 모색과 시행착오를 거듭할수록 법신불보다 우리와 가깝고 친근한 것이 이 세상엔 없음을 알게 된다.

땅은 우리 발밑에 있고 우리는 그 땅을 밟고 다니지만 법신불은 우리 마음 안에 있다. 이렇게 내 안에 있는 법신불을 감사와 은혜로 믿으며 더 좋은 업을 지어간다. 법신불을 느끼기 위해 법문을 읽고 쓰고 외우며 실행하면서 하늘로 치솟는 힘을 내기도 한다. 이상과 현실을 가로막는 제약조건을 뛰어넘는 상수도 이렇게 웃으며 찾는다. 곧 소화취진笑和取進하는 삶을 산다.

웃으면 복이 온다는 말이 있듯이, 날마다 미지의 세계로 나아간다고 알지 못하는 것의 두려움을 생각할 필요는 없다. 어떻게든지 웃는 게 두려움을 다스리며 자신의 재능을 발견하는 데 좋다. 웃음은 사람을 자극하기도 하고 매혹이 되기도 한다.

사람들은 이렇게 뭔가를 이루기 위해 웃으며 있는 힘을 다하는 취사를 한다. 마음 안에 도사린 오만과 부정적인 생각과 악의를 뒤바꿔 놓는 취사선택도 웃음으로써 가능하게 됨을 깨달으며 웃으며 산다. 크게 웃고, 억지로라도 웃고, 일어나자마자 웃고, 시간을 정해 놓고 웃고, 마음까지 웃고, 즐거운 생각을 하고 웃으면서 법신불 사은님께 편안하게 다다르는 길을 다진다. 은생어해恩生於害와 해생어은害生於恩의 관계를 인과의 이치로 깨우치며 가림없이 웃을 수 있다.

은생어해와 해생어은은 『정전』의 일원상 서원문 중에 나오는 중요개념의 하나이다. 은생어해는 해에서 은혜가 나온다는 뜻이며, 해생어은은 해가 은혜에서 생겨난다는 뜻이다. 은혜받기를 바란다면 해에서 어떻게 은혜가 발생하여 나오는지 생각해야만 한다.

은혜를 느끼며 웃고, 웃으며 은혜를 깨달아야 한다. 『대종경』 교단품 22장에 등장하는 옹기장수와 빈 지게를 진 사람처럼 은혜가 매듭을 푸는 마음과 행위를 통해 발현되어 나온다. 따뜻함과 위안을 주는 빛이 된다. 은혜는 영원히 밝은 빛이 되어 세상 만물을 비추며 매듭을 푸는 힘으로 존재해 왔다. 이런 은혜를 자각하고 결단하고 함께하는 기쁨을 만들 때 영원한 축복이 된다. 그렇게 하기 위해서는 좌산 상사님 법문 말씀처럼 늘 안으로 안으로 하나 되고眞我實現, 밖으로 밖으로 하나 되는大我實現 길로 살아가는 기쁨이 있어야 한다.

고대 이집트인들은 앙크를 썼다. 앙크는 고대 이집트에서 신들과 파라오들의 상징이었다. 고리 달린 십자가라는 별명이 말해주듯, 타우 십자가, 즉 T자형 십자가 위에 둥근 고리 모양의 손잡이가 붙어 있다. 고대 이집트인들은 이것을 '이시스의 매듭'이라고 불렀다. 둥근 고리를 이시스 여신과 동일시되던 생명 나무의 상징으로 여겼기 때문이다. 이렇게 앙크는 인간이 신성에 도달하자면 어떤 매듭을 풀어야 한다는 것을 상기시키기도 한다. 매듭을 푸는 행위를 통해서 인간 영혼의 진화가 대단원을 맞이하리라는 사실을 보여준다는 것이다. 고대 이집트 벽화를 보면 태양신 아톤에 대한 신앙을 창시한 파라오 아크나톤과 태양신을 섬기던 사제들의 손에 앙크가 들려 있는 것을 볼 수 있다. 이 특별한 십자가는 영원한 생명을 여는 열쇠이자 속인들이 금단의 지대로 들어가는 것을 막는 자물쇠로 여겨졌다. 장례식을 거행하는 동안 사제들이 십자가의 손잡이를 쥐고 있는 장면에서 그 점을 확인할 수 있다. 이것은 죽음의 비의를 깨달은 자에게 그 비밀을 지킬 의무가 있음을 나타내는 것이었다. 저승의 신비를 아는 사람은 아무에게도 그것을 발설하지 않도록 되어있었다. 발설하는 순간 자신이 알고 있던 것을 다 잊어버리기 때문이었다. 콥트교도, 즉 이집트의 기독교들 역시 앙크를 영원한 생명의 상징으로 받아들였다. 앙크는 인도에서도 찾아볼 수 있다. 인도인들에게 이것은 능동적인 원리와 수동적인 원리의 통일을 나타내는 것이었고, 남녀 양성이 한 몸에 결합하였음을 나타내는 성적 상징이었다고 전하고 있다.

그 믿음은, 보이지 않지만 보이지 않는 것이 영원한 것이었다. 시간이 흘러 지나갈 때 알게 된다. 모두 믿음을 가지고 소망을 이루는 것도 마찬가지 이치로써 인지할 수 있다. 음양상승과 진강급의 과정에서 변함없이 공효를 나타내는 것도 없어서는 살 수 없는 은혜이다. 한마음을 다하는 정성으로 대

정진하고 대적공하여 은혜를 발현해야 하는 이유이다. 무서운 독성을 가진 양잿물도 필요한 곳에 잘 사용하면 세탁의 효과를 나타낸다. 은이 해가 되기도 하고 해가 은이 되기도 한다는 이치를 깨달아, 은혜와 해에 즉흥적으로 너무 끌리지 말아야 한다. 은혜가 참된 은혜가 되게 하려면 궁극적 진리로서의 법신불 사은을 체득하여 상대적인 지선至善·지복至福의 사리'에 안주하지 않고, 한없는 복락을 장만하는 생활이 되도록 힘써야 한다.

어떤 목적을 달성하려는 의지를 불태워 눈앞에 행복한 소망이 펼쳐지게 하기 위해서는 현실과 소망 사이의 갈등이 존재할 수도 있음을 인정해야 한다. 현실의 관심사와 삶의 목표가 어려운 문제라고 해도 겪을 때마다 웃는다면, 그것이 앞으로 나아가는 또 다른 힘이 된다. 현실 속에서 열심히 살아간다는 것은 곧 소망인 희망이 있기 때문이다. 살아가는 이유이고 목적이며 원동력이다. 건강, 경제, 자녀, 사회적 성공, 마음의 평화와 이웃의 평화를 위해 웃을 수 있는 여유가 너무나도 필요한 시대이다.

세상의 사사물물을 달리 보고, 넓게 보고, 높게 보고, 새롭게 보는 눈을 떠 소화취진笑和取進하기를 유의하고 또 분발해야 기뻐진다. 참으로 좋은 시간을 눈앞에 구현하는 또 다른 은혜의 만남이 가능해진다.

(5) 실존적 결단

영화 명량을 봤다. 가슴이 뭉클해지는 감동이 밀려왔다. 더 자세한 역사적 사실을 알기 위해 서점에 들러 이순신 장군에 관한 책을 사서 돌아와 재미있게 읽었다. 그 내용 중에서도 장군이 구국의 길로 가는 실존적 결단에 더 마음이 끌렸다.

장군은 백의종군 중이던 1597년 정유년 8월, 삼도수군통제사 재임명장을 받았다. 그리고 지금의 경남 진주시 수곡면 원계마을에 있었던 손경례 집을 출발, 옥종, 화정, 방화, 대덕, 횡천, 하동, 만지(두치), 악양, 순천, 화계(쌍계), 칠의사전전지(석주관), 구례, 진수진터, 신촌(나발목), 구례교, 압록(압록원), 곡성, 옥과, 삼기삼거리(옥과정), 석곡(석곡 강정), 창촌(부유창), 접치, 승주(쌍암), 구치(비불치), 비월, 순천, 당고개, 상사, 쌍치, 낙안읍성, 벌교, 행정삼거리, 조성, 고내(조양창), 박곡(박실), 보성(열선루), 봇재, 양천, 명교(백사정), 전남 보성군 회천면 군학마을 군영까지 14박 16일 동안 3일은 무박을 하며 7백 리(271km)를 걸어갔다.

그렇게 각 고을의 형편을 살피고 민초들의 이야기를 들으며 왜적의 동태를 수집했으며, 무기와 군량도 끌어모았다. 전장에 다시 나아가는 전략도 구상했을 것이다. 그리고 자의식 변화의 정점인 실존적 결단의 모습으로 명량대첩에서 대승하며 풍전등화의 위기에 처했던 나라를 구했다.

그런 장군도 부하 이기남이 언제 어디서 죽을지 모르겠다고 한숨을 쉬며 말하고 쳐다보자 이렇게 답했다. "그래 너만 그러느냐? 나도 이 백성들도 마찬가지이다. 나라가 기우뚱거리는 판에 이 조선 천지에서 저 죽을 자리를 아는 자가 몇이나 되겠느냐."라고 불호령을 내렸다.

그렇게 생지옥에 빠진 백성들을 누가 건져내야 하나, 날마다 무겁게 생각했을 장군은 아마 삶과 죽음에 대해서도 스스로 질문하며 삶이 무엇인지 고민했을 것이다. 백성과 나라를 구하는 삶만이 장군이 살아야 할 삶임을 알았을 것이다.

최고의 삶을 나라와 백성이 잘되도록 이바지하는 것으로 생각했기에 전장의 백성들이 힘겹지 않게 살아갈 수 있도록 보살폈다. 이어지는 그 시간 속에서 결단의 모습으로 또 거듭된 전장에 나갔을 것이다. 죽음이 무엇인가? 잘 사는 삶의 모습은 무엇인가? 삶의 충만함은 뭔가? 살아간다는 것은 이런 것이라고 끊임없이 질문했을 것이다. 그렇게 삶의 초점을 맞추고 아주 철저히 현실에 기반을 둔 삶과 죽음의 문제, 행복, 도덕적 가치, 공공의 선, 인간의 본성 등도 떠올렸을 것이다. 그래서 어쩌면 죽을 각오로만 전장에 맞서 이겼을 것이다. 그렇게 최후의 일각까지 결단의 각오를 생즉사 사즉생生卽死 死卽生이라고 독려하며 모두가 모두의 희망이 되는 비범한 힘으로 살아 냈을 것이다.

칠천량 해전에서 패하고 도망친 배설의 선단이 진도 벽파진에 숨어있다는 사실은 그렇게 장군의 결단을 이끈 희망이었을 것이다. 12척이나 되는 배가 남아 있었으니 말이다. 그 12척으로 싸워 이길 수 있다는 마음을 내고 장군선 지휘대에 섰을 것이다. 세상의 어떤 사람이 이토록 비장했을까? 그 이후로 모든 것이 바뀌었음을 배우며 깨닫게 된다. 이런 분발심으로 거듭 기쁘게 성취하고 나아가 실존적 결단의 축인 지애至愛의 길에 조금이라도 다가서고 싶다.

(6) 지혜 있는 사람

모든 존재 자체에는 좋고 나쁨이 없다. 똥이 방에 있으면 오물이라고 하고 밭에 있으면 거름이라고 한다. 돌멩이가 밭에 있으면 쓰레기라고 하고 공사장에 있으면 재료라고 한다. 무엇을 생각하든 마음이 편안해야 한다.

스스로가 무엇을 제대로 알고 있는지를 알며, 동시에 무엇을 알지 못하는지를 성찰하며 아는 것이 중요하다. 특히 자신이 아는 것보다 더 많이 알고 있다고 생각하는 오만함을 행동에 옮겨서는 안 되기 때문이다.

이런 점에서 지능보다 우선적인 게 지혜라는 생각을 하게 된다. 삶의 지혜야말로 아름다운 성취를 지속해서 이어가게 하는 가장 중요한 덕목이라고 할 수 있다. 지혜 있는 사람이 되어야만 늘 복 받고 사는 아름다운 일을 할 것만 같다.

엄마가 업고 온 예쁜 어린아이를 봤다. 방바닥에 놓이자 몸을 뒤집고, 앉고, 기어 다니기를 반복한다. 사람들은 이렇게 삶의 단계와 가치를 배운다. 어느 한 단계라도 그냥 건너뛰지 않는다. 인생길은 이렇게 지름길보다는 지혜롭게 존재하는 것부터 배우고 익히며 나아가는 시간 속에서 닦여진다. 집을 짓는 건축에서도 맨 먼저 기초를 튼튼히 하고 건물을 세우는 것처럼, 인생살이의 신체나 지적인 영역도 단계적 발달 과정이 있음을 본다.

그렇기에 지혜 있는 사람들은 다른 사람들의 말에 귀를 기울이는 법을 배운다. 다른 사람의 말을 경청하기 위해서 인내심을 키우고 열린 마음으로 남들을 이해하고자 노력도 한다.

이렇게 사물의 이치를 빨리 깨닫고, 사물을 정확하게 처리하는 정신적 능력도 지혜로움이 관건이다. 지혜가 승한 사람이 되어야 자기 자신을 복되게 하는 앞날을 준비할 줄 아는 사람이 된다. 내가 가진 것을 다 써버리지 않고, 여분의 것을 끝까지 남겨 둘 줄 아는 사람이 되는 것이다. 말을 남겨 두고, 그리움을 남겨 두고, 사랑도 남겨 두고, 정도 남겨 두고, 물질도 남겨 두고, 건강도 남겨 두면서 흘러가는 시간을 활용하는 사람이 되는 것이다.

지혜롭게 자기 자신을 아름답게 한다. 서로의 마음을 비춰줄 때 상대가 하고 싶은 말이 내가 하고 싶은 말이었음을 안다. 나의 허물이 당신의 허물이었고, 당신의 허물이 나의 허물이 됐음을 안다. 이렇게 서로를 사랑할 수 있었음도 안다. 필요 없는 말을 많이 하면 필요 없는 지혜로부터 멀어진 말이 나옴도 안다. 이렇게 시간을 흘려보내면서 지혜로움의 진가를 깨닫게 된다.

신뢰하고, 존중하고, 축복하며, 찬탄해 보면 서로는 법신불과의 관계성 속에서 존재하고 있다. 어떤 육근 작용을 하는지 확연히 느끼며 깨달을 수 있다. 진급의 길로만 나아가는 지혜로움을 갖춰야 한다.

(7) 반전의 기회

스위스 옛 마을에 가축을 공동으로 기르는 목초지가 있었다. 누구든 그 마을에 사는 사람이면 소나 양을 이 공유목초지에 풀어서 키울 수 있었다. 하지만 공짜로 자신의 가축에게 목초를 먹일 수 있다는 생각에 마을 사람들이 너도나도 목초지에 과도하게 가축을 풀어 놓아서 목초지가 모두 사라지고 황폐해지는 경우가 많았다.

그러자 공유목초지가 공유황무지가 돼 버리고 결과적으로 마을 사람들이 손해를 본다는 불만이 폭발했고, 이렇게 해서 경제학에서 말하는 '공유지의 비극'이라는 이론이 생겨났다. 그 비극을 해결하기 위해 공유목초지에 철조망을 쳐 소유권을 분배했고 다시 목초가 자라나게 되었다.

어떤 일이든지 이와 유사한 상황에서 어떤 사건이나 현상의 흐름을 바꾸는 반전의 기회를 생각해야 할 때가 있다. 상생상화를 위한 아름다운 이야기이다.

이래서 무슨 일이든 합력하는 마음을 어떻게 내야 좋은 것인가 생각하고 평가하고 바르게 실행하는 자세가 필요하다. 공동 소유나 공동 관리의 문제가 결부된 경우일수록 유의해야 한다. 또 서로의 입장에서 늘 잘 처리될 수 있도록 자아를 더 건강하게 관리하는 사람들이 되어야 한다.

시간과 장소, 그리고 상황에 따라 참마음을 내는 게 아니라, 동정일여의 참마음이 또다시 내일을 살며, 너무 힘들 때도 그 상황을 극복하는 힘이었다. 무슨 일이든지, 어떤 때든지 잠깐 멈춰 이렇게 생각하는 여유를 가져야 스스로 기뻐지는 생각과 지혜가 더해진다. 현재의 기쁨이 이렇게 미래의 계획을 상생상화의 입장에서 선택하고 실행해 가는 과정에서 커짐을 알게 된다.

(8) 꿈을 이루는 아이들

평소 알고 지내던 파일럿인 김 소령의 초청으로 지역아동센터 아동들과 함께 광주비행단 지상 교육훈련대대를 방문했다. 아동들은 물론 나 역시도 가상비행은 참 재미있었다. 하늘을 나는 느낌에 호흡이 가빠질 만큼 몰입의 체험을 하며 영공의 수호신으로 나라를 지키는 파일럿의 장한 모습을 상상하기도 했다.

가상비행기 안에서의 시뮬레이션이었지만 하늘에서 비행하는 것이 자기와 대결하는 시간의 연속임을 알았다. 아이들이 앞날의 진로에 조금이라도 더 자신감을 가지는 데 도움이 되기를 바랐다. 모든 것을 정면으로 응시하고 항상 좋은 태도를 가지면서 더 힘을 내어 자기 앞날의 장애들을 극복해 가면 좋겠다는 생각도 했다.

'햇빛만 쏟아지는 곳은 사막이 된다'는 아랍 속담을 책에서 봤던 기억이 떠올랐다. 비가 오지 않으면 아무리 비옥한 토양이라도 사막화가 진행될 수밖에 없다.

이제 아이들이 중요한 것은 무엇이 주어졌느냐가 아니라 주어진 것을 어떻게 활용하는지를 아는 사람이 되도록 자기 마음에 새겼으면 좋을 것 같다. 꿈을 가진 사람도 비의 역할을 하는 자존감을 잃어버리면 성공한 사람이 되기 어렵다고 했으니 말이다. 아이들이 현실에 대한 불평보다는 어떤 경우에도 자기 희망을 이루려는 마음으로 굳세게 출발하는 자신감을 찾아가기를 바란다. 또 이렇게 아이들이 자기 꿈을 이루기를 기대해 본다.

가상비행의 체험을 끝낸 후 돌아오는 차 안에서 물었다. "오늘 모두 체험 시간이 어땠습니까?" "좋았습니다, 행복했습니다, 또 해보고 싶습니다." 등등 다양했다.

또 물었다. "오늘 좋았던 일에는 어떤 것이 있나요?" "네, 가상비행입니다" 거의 동일한 대답이었다. 그럼, "오늘은 여러분 스스로에게 어떤 멋진 말을 해주었나요?" "네, 잘할 수 있다고 했어요, 멋지다고 했어요." 주로 이런 대답을 했다.

신○구 긍정적이어서 다행이었다. 행복한 마음가짐이 말과 행동을 변화시키고, 하고픈 일들의 과정과 결과도 변화시킬 수 있다는 현지들의 말을 믿고 싶었다. 그리고 앞으로는 아이들이 진정 하고 싶은 일을 더 잘 해 나갈 수 있도록 더욱 분발하며 돌봐야 할 것 같다.

(9) 마음 챙김

불현듯이 생각나는 사람이 있다. 우연히 만났다. 전동휠체어를 탄다. 환하게 웃고 다닌다. 이제 나이는 40대 중반이다. 이런 김 선생과 오늘도 자연스레 티타임을 가졌다. 찻잔을 든 채 양해를 구하고, 그동안 궁금하던 것들을 조심스럽게 물었다.

"언제쯤 휠체어를 타셨나요?" "고등학교 2학년 때죠." "어떻게요?" "등굣길에 뜻하지 않은 낙상사고를 당했어요. 키보다 세네 배 높은 비탈길에서 미끄러졌어요." 그러면서 웃었다. 하지만 사고 후 몇 년은 자학과 강박관념으로 많이 힘들었다고 했다.

분위기도 무거워졌다. 그러나 조금 지나 환해졌고 대화가 또 이어졌다. 어느 때부턴가 좋아하던 책을 다시 읽기 시작했다며 또 이어서 말했다. "삶의 조건과 환경을 긍정하려 노력했어요. 몇 년 전부터인지 정확히 알 수는 없지만 그렇게 변해있었어요."

좌절하지 않고, 일탈하지 않고 자신을 잘 지탱해왔다는 사실이 참으로 놀라웠다.

정상인으로 살아도 때론 쉽게 노여워지고 경계를 당하는데 이렇게 평온함을 찾기까지 얼마나 힘들고 외로웠을까? 그 치유의 시간을 보낸 모습이 참 아름다웠다.

그런데 차를 거의 마셨을 무렵, 20대에는 자기중심적이라는 말도 많이 들었고, 30대 때에는 마음의 아픔 때문에 많이 울었다고도 말했다. 그러면서 40의 나이를 넘기면서는 스스로의 긍정과 발전적 전환에 힘썼다고 했다. 챙길 것과 버릴 것을 명확히 하고 버릴 것은 용기를 내어 버리고, 어떻게든지 자기를 기쁘게 인정하는 길뿐임을 비로소 알았다고 했다.

그래서 또 물었다. "어떻게 하셨는데요?" "사념처 명상수행에 정성을 다 했어요." 이렇게 말했다. 사념처四念處는 석가모니 부처님께서 자기 마음을 깨어있게 하는 명상수행법이라고 밝힌 마음 챙김 수행법이다. 자신의 몸[身]과 감각[覺]과 마음[心]과 법[法] 등 사념처에서 일어나는 여러 가지 변화를 관찰함으로써 제행무상諸行無常·제법무아諸法無我·일체개고一切皆苦의 세 가지 진리를 화두 삼아 보다 더 자유로워질 수 있는 경지를 증득하는 것이다.

사념처四念處는 신념처身念處·수념처受念處·심념처心念處·법념처法念處이다.

신념처身念處는 자신의 몸과 관련된 현상, 즉 호흡·동작 등을 관찰하여 몸의 세계에서 일어나는 탐욕과 혐오를 알아차리는 것이다. 정신을 집중하여 몸 안팎의 움직임을 관찰함으로써 육신이 죽어 흩어지는 것임을 바르게 인식하는 것이다.

수념처受念處는 느낌의 세계에 대한 탐욕과 혐오를 알아차리는 것이다. 감각의 실체를 있는 그대로 깨달아, 즐겁다고 느껴지는 것들이 실은 즐거움이 아니라 고苦라는 사실을 바르게 인식하는 것이다.

심념처心念處는 마음의 세계에 대한 탐욕과 혐오를 알아차리는 것이다. 마음은 늘 대상에 따라 변화하며 생하고 멸한다. 따라서 마음에 욕심이 있다면 욕심이 있는 참뜻을 알고, 욕심이 없다면 욕심이 없는 참뜻을 알아 바르게 인식하는 것이다.

법념처法念處는 정신적 대상에 대한 탐욕과 혐오를 알아차리는 것이다. 그리하여 눈을 통하여 생기는 번뇌의 생멸에 대해 바르게 인식하는 것이다.

이렇게 사념처를 통해 자기 마음과 하나로 연결된 세상의 현상과 내용을 바르게 이해하고 알아차리는 것이다. 어떤 관점을 가짐에 있어 부정적인 생각이 아니라 긍정적인 생각을 하는 마음 내기가 알아차림이다.

사념처 명상수행도 결국 이렇게 원하는 마음으로 이어가게 된다. 사事의 입장에서 인간의 시비 이해를, 리理의 입장에서 대大자리에서는 우주 만유의 본체를, 소小자리에서는 만상이 형형색색으로 구별되어 있음을, 유무有無자리에서는 천지의 춘하추동 사시순환과 만물의 생로병사와 흥망성쇠의 변태를 연마하고 궁구하는 것이기 때문이다.

성가 127장, '원하옵니다'의 노랫말을 통해 아주 쉽게 이해할 수 있다.

'원하옵니다! 원하옵니다! 간절히 간절히 원하옵니다! 내 손길 닿는 곳 내 발길 머무는 곳, 내 음성 메아리치는 곳, 내 마음 향하는 곳마다, 우리 모두 다 함께 우리 모두 다 함께, 성불제중 인연이 되어지이다.'

누구든지 이런 마음으로 미래 세상을 헤쳐 나가는 것은 참으로 좋은 방법이다. 이 세상을 살아가는 데 있어서 없어서는 살 수 없는 은혜를 발견하고 바르게 인식하는 것이 가능해진다.

그 누구의 삶이든지 성공과 행복을 위한 지향을 뚜렷하게 하는 자세가 필요하다. 자기 지향점을 늘 바르게 지향해야 한다. 스스로 어떤 비전을 만들고, 가지며, 지향하느냐에 따라 그 사람의 현재가 확인되고 미래가 결정된다. 김 선생은 선善하고 아름다운 지향을 지속하며, 더욱 행복하게 가꾼 스스로의 모습을 볼 수 있는 사람이 되어 있었다.

이제 어떤 때는 검정색 선글라스도 끼고 전동차를 운전하며 자기가 가고 싶은 곳을 잘도 신나게 달린다고도 했다. 너무도 자연스럽게 자신에게 너그러워지게 된 것이었다. 현재의 아무것도 변명하지 않고, 과거의 아무것도 지우지 않고, 있는 그대로 말하며 환하게 웃을 때 자기를 평화롭게 바라볼 수 있음을 봤다.

마음 챙김이 발전적 전환과 진급에 있어 얼마나 중요한 일인지 다시 또 확인했다. 누구든지 자기 마음에 이런 법등法燈을 켜야 한다. 그래야 그 어떤 경계에도 흔들리지 않고 진정 행복하며, 평화롭다는 믿음을 갖게 될 것이다. 심신이 건강하면 이 세상 모든 것을 다 가진 것이라는 말을 상기하며 살아야만 한다.

(10) 두 개의 바다

가끔 안부를 묻는 지인으로부터 이런 메시지가 왔다. '팔레스타인에는 두 개의 바다가 있다.' 궁금증이 더해져 이곳저곳에서 자료를 찾아봤다.

팔레스타인은 이스라엘을 중심으로 한 지중해의 동해안 일대를 가리키는 지역이다. 지중해를 따라 좁고 긴 평야가 펼쳐지고, 동쪽으로 갈수록 지대가 높아져 중앙은 구릉 지대였다. 옛날에 가나안 지역으로, 기원전 12세기에 팔레스타인이 지배하게 됨에 따라 팔레스타인이라고 부르게 되었다.

기원전 11세기에 헤브라이인들이 이스라엘 왕국을 건설하였으나 솔로몬의 사후 이스라엘과 유다로 분리되어 이스라엘은 아시리아에, 유다는 신바빌로니아에 멸망하였다. 이 지역은 기원전 4세기에 알렉산더 대왕의 통치를 받았으며, 기원전 1세기에 로마의 지배하에 들어갔다. 이후 이슬람교도들의 지배를 받았으며, 제1차 세계대전 후에는 영국의 위임 통치령이 되었으나, 세계대전 기간 중 팔레스타인의 처리 문제를 두고 영국이 두 가지 모순된 선언을 발표함으로써 팔레스타인을 둘러싸고 아랍·유대인 사이에 심한 대립을 빚게 되었다. 유대인들이 팔레스타인으로 이주하여 1948년 이스라엘을 건국함으로써 여러 차례 중동 전쟁이 발생하였다.

　1967년 제3차 중동 전쟁에서 승리한 이스라엘은 팔레스타인 전역과 부근 여러 나라의 영토 일부를 점령하였다. 여러 차례의 중동 전쟁으로 발생한 이른바 팔레스타인 난민의 수는 300만 명이나 되는데, 이들은 조상들이 살던 땅으로 돌아가고자 하였다. 이에 따라 1964년 이후 그늘은 팔레스타인 해방 기구[PLO]를 모체로 삼고 게릴라 조직을 만들어 팔레스타인 해방 운동에 나섰다. 1975년 국제 연합은 팔레스타인의 민족 자결권과 PLO를 준국가로 인정하는 결의안을 채택하였다. 1993년 9월 팔레스타인과 이스라엘 간에 평화 협정이 맺어져 가자와 웨스트뱅크 지역에 팔레스타인 자치 기구를 설립할 것을 결정하였다. 현재 팔레스타인 지역에 대한 분쟁은 해결되지 못한 상태이다.

　그런데 이 지역에 바다 같지 않은 바다가 있었다. 하나는 갈릴리해이고, 하나는 사해이다. 똑같이 요단강에서 흘러 들어가는 바다인데, 갈릴리해는 물이 맑고 고기도 많으며 주변엔 나무가 무성하고 새들이 노래하는 아름다운 생명의 바다지만, 사해는 더럽고 염분이 너무 많아 물고기도 살 수 없고 새들도 오지 않는 죽음의 바다다.

　사해는 염분의 농도가 매우 높다. 약 26~33%로 다른 바다보다 염분의 농도가 6~7배나 높다. 바닷물 1kg에 35g의 염분 물질이 녹아 있다면 사해에는 약 210g의 염분 물질이 녹아 있는 것이다. 그러므로 사해에 물고기를 갖다 놓으면 물고기의 수분이 다 밖으로 빠져나가 버린다. 어느 강이나 바다에서도 살던 물고기가 사해에서 살 수 없는 이유이다.

　똑같이 요단강 물줄기가 닿는 곳이지만 갈릴리해와 사해는 왜 이렇게 차이가 날까? 한 곳은 생명이 숨 쉬는 바다가 되고, 한 곳은 죽음의 바다가 되었을까? 그것은 요단강 때문도 아니고, 토양 때문도 아니고, 기후 때문도 아니다. 자세히 궁구해 보면 작용에 따른 차이라는 것을 알 수 있다.

갈릴리해는 강물을 받아들이면 그 물을 가두어 두지 않았다. 한 방울이 흘러들어오면 반드시 한 방울을 흘려보낸다. 주는 것과 받는 것이 똑같이 이루어지는 것이다. 반면 사해는 들어 온 강물을 절대 내놓지 않았다. 한 방울이 들어오면 몽땅 가두어 버린다. 흘러나가는 줄기가 없으니 받기만 하고 흘려보내는 일을 못 한다. 왜 그럴까? 사해는 지구에서 지표면이 가장 낮은 곳이기 때문이다. 이런 이유로 세계에서 가장 큰 천연 스파나 마찬가지이다. 관광객들이 물 위에 둥둥 떠 황홀감을 맛보게 할 뿐이다. 이마저도 다행이라면 다행스러운 일이다.

사람도 이처럼 두 종류가 있다. 사해같이 흘려보낼 줄을 모르는 사람과 갈릴리해와 같이 흘려보낼 줄 아는 사람이다. 주고받으며 살아야 한다.

부족한 것 없이 살던 옛 중국의 진시황도, 영원한 소녀의 이미지를 가졌던 영화배우 오드리 햅번도, 돈이라면 부족할 것 없었던 애플의 창업자 스티브 잡스도 세상을 떠났다. 인생이란 기차는 일단 올라타면 최종 목적지까지 간다. 회차나 왕복은 불가능하다.

어떠한 삶을 살아야 할지 두 개의 바다를 통해 좀 더 깊이 생각해 보게 된다.

(11) 만사를 이루는 사람

또다시 찾아온 봄날의 따뜻한 기온이 풀과 나무의 생기를 불어넣어 화사한 꽃을 만발하게 하고 있다. 교당 정원에도 작년에 심어 놓은 앵두나무와 매화나무가 예쁜 꽃을 활짝 피웠다. 바람 타고 날아와 잔디 틈을 비집고 뿌리 내린 잡초도 훌쩍 큰 키를 세웠다.

아침 일과를 마치고 작업복으로 갈아입은 후 호미와 버킷을 들고 정원으로 나갔다. 이런저런 모양의 초록 기운이 무성한 잡초들을 솎아내 뽑아냈다. 풀뿌리가 완전히 뽑히지 않을 때는 정기적으로 뽑아내도 계속 돋아 풀 뽑기가 좀 귀찮다는 생각도 든다. 하지만 감사하는 마음으로 돌릴 때 존재의 고향으로 돌이키는 마음공부가 됐다. 그렇게 양동이에 수북이 담긴 풀들을 몇 번인가 버리고 나니 상쾌한 땀이 등 뒤를 타고 흐른다.

어느 정도 정리가 됐을 때, 지나가던 행인이 말을 건넨다. "정원이 참 예쁩니다! 잘 가꾸시네요!" "감사합니다." 교당 앞을 지나는 분들이나 교도님들이 교당에 오실 때 보시면 기쁨이 생기도록 잡초를 뽑는다고 말하고 일어나 인사를 했다. 행인은 잠시 지켜보더니 금방 떠나갔다.

이렇게 풀 뽑기 작업을 시작한 지도 벌써 일 년이다. 계절마다 일정한 시기에 마음을 열고 반복하는 작업이 됐다. 마음을 찾고, 마음을 놓는 공부거리다. 흘러 지나간 시간만큼 일하는 요령이 더해지니 일하는 지혜도 밝아졌다. 그만큼 시간이 단축됐고 일하는 기쁨도 커졌다.

어떤 어려움도 이렇듯 해결하는 긍정의 노력이 큰 성취의 기쁨이 됨을 다시 확인하게 된다. 인내하며 들인 정성의 가치가 오늘도 나를 찾고 내일도 나를 찾는 성취의 열매였음을 다시 깨닫는 시간이 됐다. 천의를 움직여서 만사를 이루는 사람이 극복해야 할 시간이었다. 오늘도 나를 놓고 내일도 나를 놓는 성취의 열매였다.

(12) 공의와 천의

뉴욕에서 출생해 세계 최초의 여성 종군기자가 된 마가렛 버크 화이트에 관한 글을 봤다. 자신의 맡은 일에 대해서는 목숨까지 걸 만큼 열정적인 인물이었다. 사람들은 그녀가 일하는 모습을 보는 것만으로도 그 에너지와 열정을 느낄 수 있었다고 회고했다.

시간만 나면 고층빌딩이 들어선 뉴욕의 풍경을 촬영하는 것을 즐겼고, 뉴욕에서 가장 높은 크라이슬러 빌딩으로 올라가 꼭대기에 서서 뉴욕 도시 전체를 내려다보며 삐쭉삐쭉한 키다리 건물들을 사진에 담았다. 때론 최고층의 창문을 열고 밖으로 엉금엉금 나갔고, 바람이 불거나 몸의 중심이 흔들리면 그대로 아래로 떨어질지도 모르는 상황에서 손에 잡히고 발에 채는 물건을 잡았다고 한다. 그러나 멈추지 않고 낙수 물받이용 물상 위에 쪼그리고 앉아 뉴욕의 빌딩숲을 찍었다. 그렇게 해서 아름다운 뉴욕의 전경을 필름에 담았고, 오늘날 뉴욕하면 떠오르는 고층빌딩의 이미지가 탄생하였다고 전해진다.

전쟁 중에도 열정은 계속되었다. 제2차 세계대전이 터지자 망설이지 않고 총알이 빗발치는 전쟁터로 향했다. 주위 사람들 모두가 말렸지만 아무도 그 고집을 꺾을 수 없었다. 독일군의 폭격으로 도시 전체가 쑥대밭이 된 모스크바에서 부상당한 사람들의 아우성치는 모습과 눈물 흘리는 모습을 찍었다. 유태인 수용소를 방문해서는 공포에 떨고 있는 유태인들의 표정과 장작나무처럼 쌓여있는 수많은 시체를 사진으로 남기며, 전 세계에 전쟁의 참상을 알렸다.

이렇게 최고의 사진을 찍기 위해 여러 나라를 돌아다녔고 사람들의 기억에 남을만한 위대한 사진을 많이 남겼다. 자기 일에 열정을 다하는 모습이 공의公義인 천의天意와 통하는 성공이었기에 아직도 그녀를 기억할 것이란 생각이 든다.

얼마나 열정적인 삶을 사느냐에 따라 인생의 차이가 생기고 감동의 차이를 만들어냄을 생각하게 된다. 언제가 되었든지 공의인 천의와 통하도록 분발해야 할 것 같다.

(13) 잘 살아가는 힘

하루하루가 어떤 산을 등정하는 것과 같다는 생각을 한다. 마음의 경계 따라 수없이 반복하기도 한다. 부월斧鉞을 딛고 서는 것 같다.

작은 봉우리를 지났는가 싶으면 큰 봉우리를 또 올라야 하고 또 내리막길과 오르막길을 연속적으로 오르고 내리고를 되풀이하는 느낌이다. 늘 눈물과 미소의 교차점이 되기도 한다.

선을 좋아하고 악을 멀리하며, 능동적이고 자율적인 일을 하더라도 조바심이나 분주함이 뒤섞이면 삶에 대한 시험이 되기도 한다. 이럴수록 함께 하는 사람들과 해결하거나 만족할 만한 방법을 찾아야 더 좋은 하루가 됐다.

앞으로 어떻게 살아야 할지 참으로 막막할 때는 삶의 의지가 꺾여 한 발도 앞으로 나아가기 어려울 때가 있었고 두려움에 휩싸여 움직이지 못할 때도 있었다.

하지만 빛나는 삶을 바라보자는 생각을 했다. 어떻게 죽을지를 떠올려 보기도 했다. 그렇게 다시 삶의 가치와 목적을 선택하며 아름다운 가치를 만드는 삶을 바랐다. 인생의 허실과 진위를 파악하고 단련하는 열의를 지녀야 했다. 시간은 흘러갔다.

오늘은 대지를 촉촉하게 적신 빗소리를 종일 들었다. 과거와 현재와 미래의 삶을 생각했다. 그렇게 이어진 허虛와 실實을 생각했다. 르네 데카르트가 말한 "나는 생각한다. 고로 존재한다."라는 삶의 명제도 또 음미해봤다.

(14) 선음을 탐했던 하루

지리산 일출을 보기 위해, 허공 달을 벗 삼아 지인들과 새벽 1시에 등반했다. 백무동 입구에서 가내소 폭포와 신한신 계곡을 거쳐 장터목 산장까지 오른 다음 쉬고, 제석봉을 거쳐 천왕봉에 오를 때까지 앞서거나 뒤따르며 묵언

하듯 걸었다. 입은 벌리지 않고, 랜턴 빛에 의지해 앞만 보고 걸으니 사량분별思量分別이 들어설 틈도 없었다. 이렇게 입을 다무는 일이 얼마나 중요한지 절감했다. 함께 걸어가는 법을 마음으로 터득하며 앞선 사람에게 그저 수없이 감사하지 않을 수 없었다.

산에서 내려올 때는 자연의 거룩함만이 느껴졌다. 원기 충전을 위해 잠시 쉴 때도 푸른 나뭇잎 사이로 새들이 날아오르며 지저귀고, 향긋한 나뭇잎 냄새는 내 마음속 속삭임과 치유의 온기가 됐다. 태양이 중천에 떴을 때는 한적한 곳 나무 그늘 밑에서 마음까지 흠뻑 적신 땀을 닦아내며 살아온 날을 회상했다. 살아있는 모든 것들과 평화롭게 지내기를 원하는 마음이 저절로 일어났다.

이렇게 휴식의 시간을 여러 번 가질 때마다 법신불 사은님에 대한 감사한 마음이 솟구쳤다. 쪼르르 쪼르르 이슬이 나뭇잎 위에서 미끄러져 내리는 걸 볼 때는 복잡한 마음이 자꾸만 씻겨지는 듯한 감동을 받았다. 쫄쫄 흐르는 시냇물 소리가 앞서 내 앞길을 낼 때마다 분별 주착에서 멀어져 무심적적에 들어간 사람이 됐다.

하산한 다음 주차장에서 산 정상을 바라봤다. 회심의 미소가 지어졌다. 높고 푸른 하늘을 바라다보며 또 한 생각에 잠겼다. 숨을 들이쉴 때마다 쑥쑥 자라난 푸르른 나뭇잎들의 내음과 함께, 달빛과 별빛을 연결해내는 듯한 기운이 선음禪吟으로 연결됐다.

물들거나 어두워진 적도 없는 진성과, 진성이 텅 비어 있는 것이 공空임도 생각했다. 이理와 사事에 걸림이 없어야 자유롭다는 가르침도 나我를 점검하며 생각했다. 시간의 흔적조차 느낄 수 없었던 그 순간을 통해 무엇을 망각해야 하는지, 무엇을 기억해야 하는지 새롭게 생각했다.

망념을 쉬고 진성을 기르는 산행으로 세상의 있고 없음에 매달리지 않은 시간이 됐다. 분발하는 마음조차 비우며 선음을 탐했던 하루였다.

(15) 평상심이 곧 도

평상심이 곧 도랍니다, 참 뱃속에 들었던 기그힘의 말씀이다. 그런데 오늘은 이 말씀을 수십 번 아니 수백 번 되뇌이며 하루의 일과를 마쳤다. 전도재 초재에 천만 원이란 큰돈이 불전 헌공금으로 하얀 봉투 안에 들어있었기 때문이다.

이 얼마나 거룩한 마음인가? 그 마음을 가합加合하는 순간 평상심을 되찾는 염불을 송해야만 했다. 인생에서 수많은 일을 겪었지만, 재주들의 그 마음을 거룩함으로 받아들일 수밖에 없었다.

과거의 업에 따른 현재의 지위나 처지를 생각하며, 경계 따라 변하는 마음에 자성自性의 정定을 세우기 바쁜 일과였다. 꾸준한 공부 효과를 바로 인식할 수 있었다.

마음공부를 지속하여 차별심과 사량계교심이 없이 떳떳하고 불변하는 마음을 갖게 됐다. 바로 이런 마음이 평등하고 떳떳한 평상심이다. 이 평상심시도야平常心是道也의 진미를 법문을 통해 허공에 외쳐봤다.

정산 종사는 "옛 선사의 말씀에 평상심이 곧 도라 하였나니, 평平은 고하의 계급과 물아物我의 차별이 없는 것이요, 상常은 고금의 간격과 유무의 변환이 끊어진 것이라, 이는 곧 우리의 자성을 가리킴이요 우리의 자성은 곧 우주의 대도니라. 그러므로, 이 평상의 진리만 분명히 해득한다면 곧 견성자이며 달도자라 할 것이나, 마음의 용처에 있어서는 설혹 그 진리를 다 깨닫지 못하였다 할지라도 경우에 따라 능히 평상심을 실행할 수 있으므로 우리는 이 평상의 진리를 연구하는 동시에 또한 평상의 마음을 잘 운용하여야 할 것이니라"라고 설한 바 있다.

중국 산동성 임치현에서 출생해 120세까지 살았다는 조주趙州 스님이 20세 무렵 스승인 남천 보원 선사南泉普願禪師와 함께 묻고 답했다는 이야기는 선종의 화두로 무문관 제19칙에 있다.

당대唐代의 승려 조주가 마조 도일을 참알參謁하고 깨우쳤다는 남천 보원 선사에게 물었다. "어떤 것이 도입니까?" 남천 보원 선사는 "평상심이다." 이렇게 간단하게 답했다. 이에 또 조주 스님이 물었다. "그 도를 어떻게 하면 잡을 수 있습니까?" 남천 보원 선사가 말했다. "잡으려고 하는 마음이 있으면 잡을 수 없다." 조주 스님이 또 물었다. "그렇다면 도라는 것을 어떻게 알 수 있습니까?" 남천 보원 선사가 말했다. "도는 아는 데에도 속하지 않고 모르는 데에도 속하지 않는다. 안다는 것은 허망한 깨달음이며, 모른다는 것은 무기無記다. 안다든가 알지 못한다든가 하는 분별을 없애면 바로 거기에서 도가 나타난다. 그것은 마치 맑게 갠 하늘 같아서 분별이 끼어들 여지가 전혀 없다." 조주 스님이 이 말에 크게 깨달았다고 한다.

결국 텅 빈 마음의 자리에서 주어진 상황을 받아들이는 사람이 깨달음을 얻을 수 있음도 알게 된다. 일상적인 평소의 마음이 기쁨인 채로, 평등하여 차별심과 사량 계교심이 없이 떳떳하고 불변하는 마음이 되도록 힘써야겠다.

어떤 상황이든지 어쩔 수 없어서란 생각을 가지고 받아들이는 게 아니라, 분노·욕망·어리석음에 빠지지 않기 위해 정과 혜와 계의 마음으로 사람다운 사람으로 자신을 바로 세워야 한다. 이런 마음 그대로가 도道이며 진리眞理이고 불법佛法임을 놓치고 산 시간이 너무나 긴 것을 한탄할 수밖에 없다. 평상심이 도道다.

3) 의疑

의疑라 함은 일과 이치에 모르는 것을 발견하여 알고자 함을 이름이니, 만사를 이루려 할 때에 모르는 것을 알아내는 원동력이니라. -『원불교전서』 정전. 팔조의 진행사조 -

(1) 심지와 경계

심지心地란 무엇인가? 성품의 다른 말로 마음의 본바탕이다. 원만구족하고 지공무사한 성품, 선악이 없는 근본 자리로 한 생각이 나오기 이전의 자리이다.

사람의 마음을 땅에 비유한 것은 땅에서 만물이 생장하듯이, 마음이 일체의 현상을 판단하고 취사해 가는 것과 같기 때문일 것이다. 눈앞의 이익에만 급급해 착실하게 내공을 쌓지 않으면 결국 실패를 불러올 수도 있다.

마음에 대한 아주 특별한 관심을 가져야 한다. 귀찮거나, 바쁘다거나, 관심 없다거나, 다음에 한다는 이유 등으로 마음을 닦는 일에 지속해서 관심을 갖지 않으면 사람의 마음은 그냥 그렇게 개개인의 특성으로 이해되고 한정된다. 눈앞의 이익만을 좇아 급급하게 행동하면 진정한 이로움을 취할 수 없다. 흔히 자기 자신의 마음으로 못할 일이 없으며, 못 갈 곳이 없다고 하지만 사실은 그렇지 않은 경우가 된다. 자기 마음대로 할 수 있는 일만 하려고 하고, 갈 수 있는 곳만 가려고 한다. 많은 사람의 생각이라는 게 그렇다. 쉽고 편한 것만 생각하기 때문이다.

차안此岸에서 피안彼岸을 꿈꾸는 우리로서는 전적으로 마음의 깨침에 의존할 수밖에 없지만, 마음이란 이렇듯이 한정적이고 좁아질 수 있다. 한 번 만들어진 관념은 자동으로 자기방어 메카니즘으로 작용한다. 따지고 보면 방어하는 것이 아니라 스스로 가두어 놓는 것이지만, 우리는 흔히 스스로 만든 관념의 장막으로 들어가 안주하기를 마다하지 않는다. 우선은 편안하기 때문이다.

그러나 관념 속에 안주하는 한 걸림 없는 자유는 없다. 가슴 떨리는 삶도 기대할 수 없다. 설사 종교적인 진리라 해도 예외일 수 없다. 옛 선사가 부처를 만나면 부처를 죽이고 조사祖師를 만나면 조사를 죽여라 한 것도 바로 이런 까닭이다. 마음을 닦아야 한다는 말도 바로 이런 의미에 기인한다. 그렇기에 시시각각으로 떠오르는 생각과 이로 인하여 생겨나고 굳어지는 관념이 형성되지 않도록 유의해야 한다.

자성의 정定과 혜慧와 계戒를 세우기 위해 심지에 요란함이 있었는가 없었는가? 심지에 어리석음이 있었는가 없었는가? 심지에 그름이 있었는가 없었는가? 성찰해야 한다. 이런 내용을 『대종경』 수행품 1장에 또 다시 밝혀 대조하는 마음공부를 권유했다. 또 『대종경』 천도품 27장에서는 항상 심지가 요란하지 않게 하고, 항상 심지가 어리석지 않게 하고, 항상 심지가 그르지 않게 하고 보면 그 힘으로 지옥 중생이라도 천도할 능력이 생긴다고도 밝혔다. 그런데 무엇이 요란하게 하고, 어리석게 하고, 그르게 하는가? 요망한 분별심이 들어서 그렇다고 스승님들은 한결같이 가르쳤다. 현실의 바른 취사와 그 느낌에 충실할 때 새로울 수 있으며 처음처럼 존재할 수 있다.

세종대왕도 분별심을 내는 신하들 때문에 고생하였다. 한글을 창제해 이를 실용화하는 단계에서 집현전의 부제학인 최만리 등은 6가지 이유를 들어 이를 막는 상소를 올렸다. 집현전의 학사가 한글에 반대하다니 이해가 잘 되지 않는 상황이었다. 세종은 대노했다. 최만리를 즉각 하옥하고 임금이 친국을 했다. 친국이라고 해도 고문이 아니라 토론하며 설득하는 자리였다. 최만리가 소신을 굽히지 않자 세종은 그를 풀어줬다. 그럼에도 최만리는 사직하고 낙향했다. 조정의 대신들이 최만리의 무례함을 엄하게 다스려야 한다고 진언했다. 세종은 "노랫소리가 듣기 싫다 하여 새를 죽이려 함은 옳지 않다."며 그의 자리를 비워두고 그가 돌아오기를 기다렸으나, 최만리는 끝내 신분이동의 노력이 막혀지는 것을 우려하며 향리에서 생을 마감했다. 500년 전의 얘기다.

이런 경계의 상황도 마음자리를 통해 생각해 보면 상대적 자유와 절대적 자유의 문제로 되돌아간다. 상대적 자유는 남으로부터 자유를 느끼는 것이고, 절대적 자유는 자신이 일체의 경계에서 느끼는 자유라고 한다면, 상대적 자유나 절대적 자유는 스스로 느끼는 것이며 자유로울 수 없게 하는 주변의 영향이 경계라고 할 수 있다.

심신을 통해 외부로부터의 부자연스러운 영향을 알아차리게 될 때의 상황이 경계境界였다. 인과의 이치에 따라서 일상생활 속에서 부딪치게 되는 모든 일이다. 업業이 일이요, 일이 업이라고 한다면 경계란 곧 나와 관계되는 일체의 일을 말한다. 이 경우, 나를 주관主觀이라고 할 때 일체의 객관客觀이 경계가 된다. 생로병사·희로애락·빈부귀천·시비 이해·염정미추·삼독오욕·부모형제·춘하추동·동서남북 등 인간 생활에서 맞게 되는 모든 일과 환경이 다 경계인 것이다.

인간은 항상 이런 경계 속에서 살아가고, 경계 속에서 자신을 확인하게 된다. 곧 경계가 삶의 내용이기도 하다. 그래서 일상 수행의 요법에서는 심지는 원래 요란함도 어리석음도 그름도 없지만 경계를 따라 있어진다고 했다.

사람이 살아가면서 부딪치게 되는 경계는 역경逆境과 순경順境, 또는 내경內境과 외경外境으로 구별하기도 한다. 『정산종사법어』 권도편 41장에는 경계를 역경·순경·공경空境으로 구분했다. 사람은 항상 이렇게 경계 속에서 살아간다.

그러므로 경계가 있다고 생각할 때에는 무경계無境界를 향해 가는 게 좋다. 이를 자각하면 바로 자성이 세워진 존재를 보다 쉽게 발견할 수 있다. 곧 일체개공一切皆空이 됨을 알 수 있다.

그래서 마음공부는 마음의 가지로부터 뿌리로 들어가는 공부법이나, 뿌리로부터 가지에 이르도록 전체를 이해하는 공부법이 된다. 결국 일원의 진리인 대소 유무의 원만구족하고 지공무사한 전체적 관점을 이해하고 공부를 해야 한다. 이렇게 하기 위해서는 '나오는 마음'을 그대로 알아차려야 한다. 이런 자세가 나를 비춰주는 거울이 된다.

진공과 묘유가 동시성을 가지듯이 번뇌가 곧 보리요, 파도가 바다를 벗어나 일어나지 않음과 같다. 바다 자체에는 파도가 없지만 바람과 같은 외적 조건인 경계를 따라 있어진다. 분별성과 주착심 또한 성품을 떠나 일어난 것이 아니라 모두가 성품의 변한 것임을 알아차리자는 것이다. 경계로 인해 일어난 마음을 온전히 받아들이면 된다. 경계는 공부거리요, 공부 찬스다. 가지와 잎으로부터 뿌리로 들어가는 공부도 해야 한다.

십이인연법을 이해하고 보면 무명에 가려 윤회한다는 사실이 신기하다. 이런 마음을 내려놓는 것이 진공묘유의 수행이다. 텅 비면 공적해지고 신령한 지혜 광명이 솟는다. 구름이 가리면 세상이 어둡다. 무명이란 것은 자성의 빛만 비추면 소멸한다고 했다.

곧 나의 의식이 깨어나면 세상은 아무 문제가 없다. 경계가 나를 괴롭히고 상처 줄 수 있다고 생각하면 일어나는 감정을 스스로 책임지지 못한다. 경계를 탓하고 원망하고 불평불만 하게 된다. 나의 집착이 나를 힘들게 하고 괴롭힌다는 사실을 깨닫는다면 어떤 경계도 책임지고 넘어설 수 있다. 경계로부터 일어난 마음을 진리성으로 인정한다고 해서 공부가 다 됐다고 생각하는 것이 결코 아니다.

그래서 '내는 마음' 또한 중요하다. 그것이 수행이다. '나는 마음'을 그대로 알아차려서 경계에 끌리지 말고 원만구족하고, 무과불급하고 불편불의하여 지공무사하게 사용하자는 것이다. 각자의 깨침 정도에 따라 자성을 세우는 정도와 깊이가 다른 이유다. 이는 중국불교 남종선南宗禪의 돈오적 측면을 수용한 것이시면서, 북종선北宗禪의 점수적인 측면까지 아울러 수용해 둘을 조화시켜 일상의 경계에서 진리를 떠나지 않는 공부와 같다.

성품을 분별주착이 없는 자리로만 보려는 엄격한 견해가 있는 반면에 정할 때는 무선무악無善無惡하지만, 동할 때는 능선능악能善能惡하다는 법문처럼 그 폭을 넓게 보려는 견해도 있다. 심지를 좁게 해석하면 처처불상處處佛像을 제대로 설명하기가 어렵다. 대승불교에서는 진공을 밝히면서 묘유까지 드러내고 있다. 반야사상이 진공 측면을 강조했다면, 불성佛性·여래장如來藏 사상은 자성청정심自性淸淨心을 인정하여 묘유 측면을 강조하고 있음을 알아야 한다. 모두가 부처가 될 수 있다는 잠재성을 인정하는 것이다. 어쨌든지 경계境界는 이렇게 중요한 역할을 하고 있다.

그 인식 대상은 흔히 육경六境이라고 한다. 색·성·향·미·촉色·聲·香·味·觸의 5경을 외경外境이라고 한다면, 법경法境은 내경內境으로써 이는 이전 찰나刹那의 의식이다. 모든 경계는 식식의 작용에 의해 생겨난 것[轉變]이다. 즉 경계는 연기된 것일 뿐이다. 유식무경唯識無境이란 말에서 알 수 있듯이 대상 자체를 변화시키기보다는, 분별 망상으로 오염되어 있는 망식妄識을 청정한 진식眞識으로 전환하는데 경계를 맞는 마음공부의 묘미가 있다.

세면대에 물이 담겨 있다고 가정하면, 돌멩이가 떨어졌을 때 파도가 일렁인다. 이것이 경계다. 돌멩이를 건져내야 한다는 생각에 손을 넣는 순간 또다시 경계가 일어난다. 그래서 가만히 놔두는 혜안이 필요한 것이다.

(2) 업業과 윤회輪廻

사람들은 자기가 지은 삼세업業에 의해 태어나, 자기가 지어놓은 복福만큼 살고 간다고 흔히들 말한다. 부귀영화에 대한 욕망이 존재한 만큼의 원怨과 한恨도 쌓는다. 바다는 메워도 사람의 욕심은 메우지 못하기 때문이다.

하지만 자신의 욕망을 충족시킬 생각에 빠져 살기만 해서는 안 된다. 탐욕과 허영은 종종 자기 스스로를 인생의 함정으로 몰아넣는다. 그 욕망을 쫓아가는 탐욕과 허영 때문에 자신이 얼마나 힘이 들고 후회할 것인가는 잘 생각하며 살아야 한다.

그러나 탐욕과 허영이란 함정에 빠져 곤경에 처하면 그제야 자신의 헛된 욕망과 허영을 한탄한다. 이미 때가 늦은 경우가 많다. 이런 욕망과 허영에 의한 원怨과 한恨이 숙명이 되게 해서는 안 된다.

업설業說과 윤회설輪廻說은 숙명론이 아니다. 업은 흔히 업보業報라고도 한다. 긍정적인 의미보다는 부정적인 생각을 하게 하는 말이다. 인도의 고대 경전 언어인 범어로는 업을 카르마[karma]라고 한다. 카르마는 행위라는 말이다. 그래서 윤회와 관련하여 생각할 때에는 대개 행위의 잠재력이라는 의미로 받아들이면 된다. 어떤 행위를 했을 때 그것은 반드시 이에 상응하는 결과를 나타내는 잠재력, 혹은 여력을 남기기 때문이다.

이 힘을 업, 혹은 업력이라고 한다. 여기서 행위란 우리가 반드시 신체[身]를 움직여서 하는 행위뿐만이 아니다. 말[口]로 하는 행위와 뜻[意]으로 하는 행위 모두가 포함된다.

업설을 이해하는 데 가장 중요한 것은 업의 필연성이라고 할 수 있다. 어떤 행위든지 그냥 사라지지 않았다. 반드시 그에 따른 결과를 나타내고야 만다. 이것을 업의 법칙이라고 한다.

업을 윤리 세계에 적용되는 에너지 불변의 법칙으로도 생각해 볼 수 있다.

물리학에서 말하는 에너지란 것은 다만 형태가 바뀔 뿐 그 총량에는 변화가 없는데, 업의 법칙도 이와 같은 이치로 생각하면 업에 대한 이해가 더욱 쉬워진다. 선한 원인이 있으면 선한 결과가 있고, 나쁜 원인이 있으면 나쁜 결과가 나타나기 마련이라는 것이다. 이럴 때 자업자득自業自得이라는 말로 업의 필연성이 설명된다. 무엇이든 뿌린 대로 거둔다는 것이다.

그런데 가끔씩 곤란한 질문을 받는다. 어떤 사람은 누가 보아도 악질인데 잘 먹고 잘 살지 않느냐는 이런 질문이다. 이런 의문을 가진 분들은 뿌린 대로 거둔다는 설명에 동의하지 않았다. 그러나 그렇지 않다. 창문에 돌을 던지면 금방 쨍하고 깨지는 것처럼, 원인에 대한 결과가 너무나 선명하고 즉각적으로 나타나는 동시간적同時間的 인과因果도 있지만, 10년 전에 어떤 사람에게 선행을 베푼 것이 이제야 그 결과를 나타내는 이시간적異時間的 인과因果도 존재한다. 다만 그 결과가 나타나는 시간이 빠르거나 늦을 뿐 하나의 과과로 남는 것이다.

어떤 사람이 눈에 띄지 않는다고 자행자지하면 훗날 후회의 장탄식을 내뱉을 수 있다. 눈에 보이지 않는다고 무조건 부정할 필요는 없다. 기억할 수 없다 하여 무조건 전생을 부정할 필요도 없다. 그 누구든지 어머니 태중에 있었다. 하지만 기억하기 어렵다. 그러나 분명히 지내온 것 또한 사실이다. 전생의 문제도 마찬가지이다.

삶은 생성과 소멸을 보여준다. 중복적이다. 한편으로는 업을 쌓는 과정이지만, 다른 한편으로는 업을 멸해 가는 과정이다. 어디에 무게 중심을 두느냐 하는 것은 각자의 선택이다. 지금 여기의 나, 나의 선 자리가 중요함을 알아야 한다.

결국 지금 여기가 중요하다는 사실을 깨닫는 지혜를 발현하며 살아가야 한다. 우리 자신이 겪는 희로애락의 의미를 생각하며 살아야 한다. 비록 안갯

속 같은 삶일지라도 현재의 기쁨과 행복을 떨쳐버려서는 안 된다. 현재에 대한 긍정은 내세의 긍정과 직결된다. 현재의 선업이 미래의 선업이 되고, 현재의 기쁨이 미래의 기쁨이 되고, 현재의 행복이 미래의 행복이 됨을 잊어서는 아니 된다. 삼대력을 길러 긍정적인 방향으로 자기 삶을 이끌어가야 한다.

(3) 새로워지며 깨닫는 불공의 자세

불공은 불전공양의 준말로 쓰인다. 부처님께 헌공하는 공물을 올린다는 뜻이다. 부처님 재세 시에 제자들이 부처님을 공경하며 수용품이나 음식·꽃·향 등을 바치는 의식을 말했고, 불멸 후에는 불상 앞에 공양하는 것을 의미했다. 이처럼 불공이란 부처님의 가피를 얻기 위해 정신·육신·물질로 불전에 정성을 바치는 일이라 말할 수 있다.

그렇다면 원불교에서 말하는 불공은 어떤 의미를 담고 있는가? 직접 법신불전에 서약하고 기도하는 형식적인 불공뿐만이 아니라, 보은하고 작복作福하는 실천적 신앙생활까지를 망라한 뜻을 함의하고 있다. 곧 원불교 불공의 의미는 법신불의 은혜와 위력을 얻기 위한 진리적 소원성취 과정뿐만 아니라, 정신·육신·물질로 현실 세상에 유익함을 주는 것까지도 폭넓게 포함한 개념이다.

이러한 원불교의 불공법은 진리불공과 실지불공으로 요약된다. 진리불공은 형상 없는 허공법계를 통하여 법신불께 올리는 불공이다. 몸과 마음을 재계하고 법신불을 향하여 각기 소원을 세운 후 일체 사념을 제거하고 선정에 들거나, 또는 염불과 송경을 하거나, 또는 주문 등을 외우며 일심으로 정성을 올리는 것이다. 이에 반해 당처불공은 사실불공 또는 실지불공이라고 하며, 현실 속에서 불공의 공효가 나타나도록 행동하는 것을 말한다. 이런 내용이 『대종경』 교의품 16장에 밝혀져 있다. 새로워지며 깨닫는 불공의 자세가 필요하다.

중국 복건성 복주시에는 명·청 시대의 건축물이 잘 보존된 삼방칠항이란 마을이 있다. 잘 보존된 옛 마을에는 역사의 향기가 짙게 배어난다. 시간의 역사가 켜켜이 쌓여있는 골목길과 사람들의 온기가 배여 있어 정겹다. 마치 우리나라 북촌 한옥마을처럼 말이다.

당나라 때 복주福州의 고령사古靈寺에 신찬神贊 스님이 있었다. 처음 출가하여 고향의 대중사大中寺라는 절에서 은사 스님인 계현戒賢 법사를 모시고 살았다. 그러던 중 백장 회해百丈懷海 스님 문하에 가서 깨달음을 얻고 돌아왔을 때의 일이다. 회해 스님은 백장산百丈山에서 불법을 펼쳐서 백장 회해 선사로 불린다. 선문禪門의 직책에서부터 식사하는 법에 이르기까지 선종의 규율을 이 분이 만들었다.

하루 일하지 않으면 하루 먹지 않는다는 말을 한 분으로도 유명하다. 백장 선사가 90세가 되어서도 다른 사람들처럼 일하므로 주위 사람들이 그의 농기구를 감추었더니, 그때 '일일부작 일일불식一日不作 一日不食'이라고 하였다고 한다.

또 백장야호百丈野狐라는 유명한 일화도 있다. 백장이 법문하는 법회 때마다 참석하는 한 노인이 있었다. 하루는 이 노인이 법설이 끝났는데도 가지 않음에 백장이 거기 서 있는 노인은 누구냐고 물었다. 노인은 이렇게 대답했다.

"제가 가섭불 때에 이 산에 있었사온데 그때 어떤 학인이 대수행인도 인과에 떨어지느냐고 묻기에, 제가 인과에 떨어지지 않는다不落因果고 대답했는데 그 오백 년생 동안 여우의 몸을 받았습니다. 바라건대, 스님께서 저를 대신하여 일전어一轉語를 내려주시어 여우의 탈을 벗게 하여 주시옵소서."라고 말했다.

이에 백장이 "불매인과不昧因果니라." 하니, 노인이 깨닫고 예배하면서,

"제가 이제야 여우의 몸을 벗게 되었나이다. 이 산 뒤에다 여우의 몸을 두겠사오니, 스님네의 전례대로 대비해주시라."고 말했다. 얼마 후 백장이 대중과 함께 산에 올라가 보니 과연 여우 한 마리가 죽어 있었다. 그래서 곧바로 화장을 해주었다고 한다.

신찬 스님이 이런 백장 회해 선사에게서 가르침을 받고 돌아와, 하루는 은사 스님인 계현 스님의 목욕을 도왔다. 말도 없이 예전처럼 시봉을 하면서 은사 스님의 등을 밀어드렸다. 그렇게 등을 밀며 문득 말하였다. "호호법당好好法堂이여 불무영험佛無靈驗이로다." 법당은 좋고 좋은데 부처가 영험이 없다고 말한 것이다. 그러자 은사인 계현 스님이 고개를 돌려 쳐다보았다. 신찬은 또다시 말하였다. "불무영험佛無靈驗이나 야능방광也能放光이라." 그 뜻을 헤아려 보면 부처는 영험이 없으나 능히 방광은 할 줄 안다는 말이다.

여기에서 좋은 법당이란 육신을 두고 한 말이다. 영험이 없다는 것은 깨달음이 없다는 뜻이다. 큰 깨달음을 이룬 뒤 사람들을 제도하는 것이 본분인데, 산중에 깊이 들어앉아 적당하게 독경하고 염불하면서 하루하루 일상적인 신앙생활로써 할 일을 다 한 것으로 여기고 사는 것이 참으로 하찮게 보여서 한 말이다.

그런데 뜻밖에도 스승은 그 말을 듣고 있다가 고개를 돌려 쳐다봤다. 바로 이런 자세로부터 방광이 된다. 방광하는 능력은 무엇인가? 남의 말을 들을 줄 알고, 꼬집으면 아픈 줄을 알고, 누가 부르면 대답할 줄 아는 바로 그런 일이다.

어느 날, 은사인 계현 스님이 햇빛이 밝게 비치는 들창문 밑에서 한쪽의 창문을 열어놓고 경전을 읽고 있었다. 그때 마침 벌이 한 마리 방에 들어와서 열려있는 문으로는 나가지 않고 닫혀있는 종이 창문에 가서만 밖으로 나가려고 계속하여 부딪고 있었다. 그러자 옆에 있던 신찬 스님이 시를 한 수

읊었다.

"공문불긍출空門不肯出 투창야대치投窓也大痴 백년찬고지百年鑽古紙 하일출두기何日出頭期, 텅 빈 문으로는 기꺼이 나가지 않고 창문에 가서 부딪치니 크게 어리석도다. 백 년 동안 옛 종이만 뚫은들 어느 날에 벗어날 기약이 있으리오."

계현 스님은 이 게송을 듣고 그때야 심상치 않은 상좌의 말에 정신을 차리고 자초지종을 물었다. 그러자 행각行脚을 하면서 백장 스님 문하에서 눈을 뜨고 돌아왔다고 말했다. 이에 계현 스님은 곧바로 큰 종을 쳐서 대중들을 모으고 법석法席을 마련하였다. 상좌를 법상에 올려 앉히고 자신이 밑에 앉았다. 이렇게 정성 다해 제자인 신찬 스님의 법문을 듣고 계현 스님도 비로소 깨달음을 얻었다는 일화가 전해지고 있다. 제자 스님이나 은사 스님이나 묵은 습관을 버리는 용기로 깨달음을 얻었던 것이다.

대각의 달, 4월이다. 소태산 대종사님께서 대각을 이루시고 '물질이 개벽되니 정신을 개벽하자' 하시며 정신개벽의 기치를 높이 든 지 이제 100년이 되었다. 정신을 개벽해야 한다. 정신을 개벽하며 살기 위해서는 『대종경』인도품 5장에 밝혀진 것처럼, 근본을 알아서 근본 되는 일에 더욱 힘써야 한다.

근본으로써 환영받도록 바뀌어야 한다. 자기 자신의 마음이 겸손할 때 사랑을 머물게 하고, 자기 자신의 마음으로 칭찬할 때 사람을 가깝게 하고, 자기 자신의 마음으로 자기 마음을 넓게 쓸 때 많은 사람이 뒤따르게 되고, 자기 자신의 마음을 깊게 할 때 많은 사람을 감동케 하며 환영받는 사람이 된다. 이런 사실을 잊지 않고 불공해야 한다. 더욱 새로워지며 깨닫는 습관 떼기 불공이 되고, 좋은 습관을 길들이는 불공이 된다.

나이가 들면서 눈이 침침해지는 이유는 필요 없는 작은 것은 보지 말고, 꼭 필요한 큰 것만 보라는 뜻이라고 한다. 또 귀가 잘 들리지 않는 이유는 필요 없는 작은 것은 듣지 말고, 필요한 큰 것만 들어야 한다는 뜻이라고 한다. 또 머리가 하얗게 되는 이유는 멀리 있어도 나이 든 사람인 것을 많은 사람이 알아보도록 하기 위한 진리의 배려라고 한다.

어떻든지 사람들은 머리가 희어질 때까지 온 힘을 다해 살아간다. 그렇게 더 큰 기쁨을 느끼는 삶이 얼마나 중요한지도 알게 된다. 그래서 매사가 그렇게 쉽지만은 않다는 사실을 인정하며, 또다시 용기를 내 기쁘게 실행하는 것이다.

좋지 않은 습관은 어떻게 해서라도 고쳐야 한다. 그 필요를 아는 것에 머물러서는 안 된다. 고치고자 하는 다짐과 실행이 바로 서야 한다. 묵은 습관을 고쳐나가다 보면 새로워지는 삶의 기쁨이 샘솟는다. 새로워지며 깨닫는 불공의 자세를 가져야만 한다. 이제 자신을 더욱 더 새롭게 하려는 소망들이 아름답게 피어난 봄꽃처럼 마음속에서 하나하나 피어오르게 해야 한다.

(4) 신나게 사는 모습

신나게 사는 모습만 마음에 들어차길 바라게 된다. 필시 날마다 기쁨이 주는 흥분을 어찌하지 못하는 것은 허구가 아닌 것으로 인식되는 순간에 느끼는 환희 때문이다. 그렇게 항상 기쁘게 웃고 밝게 사는 태도를 기르다 보면 가능해질까, 몇 살까지 그렇게 살게 될까 생각할 때도 있다.

마음엔 희로애락이 차서 있게 들어선다. 이렇게 웃고 원하던 목적을 이루거나, 남을 이롭게 하거나, 감사하고 기도하는 생활을 지속할수록 삶의 기쁨이 서원으로 꿈이 됐다.

삶의 의지가 강해질수록 신나게 사는 모습은 더 간절해졌다. 그런데 어떤 분이 나에게 신나게 사는 것이 어떤 것이냐고 물었다. "항상 신나 보이세요. 어디서 그런 에너지가 나오세요? 어찌 그렇게 늘 신나는 모습입니까? 특별한 비결이라도 있습니까?" 이렇게 물었다.

나는 자기에게서 좋은 향기가 아름답게 날아가도록 살면 된다고 좀 모호한 이야기를 했다. 늘 즐기는 삶을 살면 된다고 했다. 화를 스스로 다스려 고요해지고 편안해지는 삶을 살면 된다고 했다. 화는 마른 솔잎처럼 조용히 대우고 기뻐하는 일을 꽃처럼 향기롭게 하라고 했다. 자기 칭찬으로 징처럼 마음을 울리게 하라고 했다. 남을 도와주는 일은 기꺼이 하고 도움받는 일은 힘겹게 구하라고 했다. 받은 것은 가슴에 새겨두고 지금까지 한 일은 몸에 감사하라 했다. 미움도 물처럼 흘려보내라고 했다. 욕심이 지나치면 몸과 마음이 모두 상하므로 넘침과 모자람을 살피라 했다. 교만으로 나아가지 말라 했다. 아침에 눈을 뜨면 고마움을 생각하라 했다. 반성하고 또 성찰하며 내일을 더욱 희망차게 하라 했다.

그렇다! 아침에 눈을 뜨자마자 모든 것이 고맙다고 생각하는 것만큼 좋은 일은 없다. 내 곁에 아내와 아들이 있다는 것이, 편안히 쉴 수 있는 집이 있다는 것이, 날마다 일어나서 할 일이 있다는 것을 감사하게 여길 필요가 있다. 이런 태도 속에서 삶에 대한 자신감이 발현됐다. 신나기 때문이다.

자신감으로 똘똘 뭉친 자기 마음을 바라보면 신이 나는 마음이 더 새롭게 돋아졌다. 하지만 늘 지속해서 유지하기가 쉽지만은 않았다. 고통과 괴로움과 나쁜 생각에서 벗어나야 하는 한계가 자리 잡고 있었다. 그만큼의 공부와 적공이 필요했다.

항상 희망의 기운이 자기 마음에 자리 잡게 노력이 필요했다. 세상의 모든 것들이 하나로 연결된 이유를 알게 된다. 법신불의 본원성本圓成에 대한 통찰이 저절로 된다. 자기 마음을 담담하게 바라보며 객관화가 가능한 활동도 하게 된다. 때로는 법신불 일원상을 생각하며 사은님께 기도하는 횟수와 시간도 늘어났다.

그렇게 조금은 마음의 갈등 없이 잠깐이나마 온전한 마음으로 존재할 수 있다. 자기 마음과 자기가 맞닥뜨리는 문제를 풀어내는 해법을 쉬이 찾게 된다. 삶은 시비 이해가 뒤따르게 되어 있다. 시비 이해가 가져오는 고통도 감사해야만 했다. 무엇보다 먼저 지금과 같은 물질과 사회적 관계성에 치우쳐 존재하는 방식을 바로 잡아가야 했다.

삶에 대한 가치를 투영하면 응축적인 동기부여가 가능해졌다. 세상의 거목이 된 나무 중에 묘목이 아니었던 거목은 없었음을 상기하며 배움을 찾을 수 있다. 낮출수록 높아진다는 말을 통해 겸손함과 친절함도 더 가벼운 마음으로 배울 수 있다. 어떤 관계에 대한 개선도 적극적으로 되풀이하게 된다. 지난날을 돌이켜 참회하며 분노를 멀리하는 데 많은 도움이 됐다. 그렇게 참 기쁨을 찾을 수 있었다. 참 행복을 찾을 수 있었다. 참 평화를 지킬 수 있었다.

자신이 실현하는 이타적 활동과 헌신으로 바꾸는 변화의 저력을 믿어야 했다. 긍정의 힘을 그렇게 느낄 때 보다 성숙해진 자신을 볼 수 있다. 그런 삶이 발산하는 아름다움과 향기를 사랑할 수 있다. 그 누구의 과오든 자기 어리석음을 깨우쳐 주는 성불제중지연成佛濟衆之緣의 마음이 됨을 깨닫게 된다. 지난날보다 더 멋지고 값지게 보이는 하루를 보낼 수 있다.

정산 종사는 기쁜 일 세 가지를 말씀하셨다. "나는 평생에 기쁜 일 두 가지가 있노니, 첫째는 이 나라에 태어남이요, 둘째는 대종사를 만남이니라." 또 말씀하시기를 "모든 사람이 스승님의 은혜를 다 같이 느낄 것이나, 나는 특히 친히 찾아 이끌어 주신 신나게 사는 모습 한 가지 은혜를 더 입었노라."라고 『정산종사법어』 기연편 8장 법문으로 남기셨다. 그 얼마나 좋으셨으면 법문으로까지 남기셨을까?

나는 어떤가? 날마다 신나게 사는 모습을 떠올리며, 그렇게 살아가야만 되는 이치를 발견할수록 정말 신나는 일상의 생활이 되었음을 되짚어 볼 수 있다. 그저 법신불 사은님께 감사드리지 않을 수 없다.

(5) 어떤 어르신이 풀어 놓은 가슴 아픈 이야기

창밖을 바라보며 이런저런 생각을 하고 있을 때 처음 뵙는 어르신 한 분이 찾아오셨다. 반갑게 인사를 나눴다. 할머니는 피곤할 때 마시라며 들고 오신 검은색 비닐봉지 하나를 탁자 위에 내려놓으셨다.

응접 의자에 앉으실 것을 권하며 고맙다는 말씀을 드리고 살펴보니 비타민 음료수 두 병이 들어있었다. 즉시 뚜껑을 열고 어르신과 함께 마셨다. 그러자 하고 싶은 말이라도 해야 굳어버린 마음이 풀릴 것 같다며 당신의 말씀을 시작하셨다.

"나는 다섯 살 차이가 나는 남편과 결혼하여 아들과 딸 그렇게 자식 둘을 낳고 재미있게 살았어요. 개인택시 운전을 직업으로 하셨지요. 적은 돈이지만 궁하지는 않았어요. 그런데 딸아이가 여고에 다닐 때 자기 얼굴 씻는 것조차 거부할 정도로 이해하기 어려운 우울증 증세를 보였어요. 아는 분과 상의하여 고향의 휴양시설에 보냈지만 얼마 되지 않아 저세상으로 갔어요. 그리고 아들 또한 사업을 한다고 해서 힘닿는 대로 뒷바라지를 해주었어요. 그런데 감당 못 할 빚과 손주 둘만 남겼어요. 잘살고 있던 며느리가 집을 나가자 그 듬직했던 아들도 어디론가 가 버렸어요. 현재 연락도 안 돼요."

투박한 손으로 눈물을 훔치시는 할머니 모습이 안타까웠다. 마음을 조절하며 잠시나마 온전한 정신을 모으려고 할머니의 시선을 옆으로 피하기도 했다.

"이 세상엔 아픈 일들이 참 많아요!" 할머니는 말씀을 계속 이어 가셨다.

"남편은 65세까지 일을 하셨지요. 머리가 희끗희끗하였지만 염색하고 기사 제복을 입고 일 나가시는 뒷모습을 보면 그리 좋을 수가 없었어요. 그런데 어느 날 중풍 증세를 보이더니 근검절약해 모아 둔 돈도 다 까먹고 지금은 요양병원에서 생활하고 있어요. 그런데 옆집 아줌마가 교무님께 한번 찾아가 보라고 해서 이렇게 와 봤어요."

삶의 욕구를 충족시켜주는 기본적 단위조직은 가정이다. 그런데 그 가정이 여러 가지 이유로 이렇게 고통과 어려움을 겪고 있었다. 할머니께서 그 독한 괴로운 기운을 털어내고 건강한 여생을 살아갈 수 있는 마음을 내셨으면 좋겠다는 생각만 했다.

그렇게 헤어져 있는 할아버지나 아들 그리고 세상을 등진 딸이 어르신의 마음에 독특한 방법으로 남아 고통스러워하신 것 같았다. 안개처럼 층을 이룬 어르신의 얼굴에서는 눈물만 흘러내렸다. 가족에 대한 최소의 믿음조차 붕괴된 것 같았다. 어르신의 얼굴을 똑바로 볼 수 없었다.

참으로 가슴 아픈 이야기였다. 누구든지 가족들이 한 지붕 아래에서 건강하게 살아간다면 그런 사실 하나만으로도 축복받은 사람이라는 생각을 할 수밖에 없었다.

(6) 성리 연마의 재미

삶의 기댓값을 극대화하려면 악수惡手를 줄이는 대안이 있어야 하고, 그래야 멋진 발전을 이룰 수 있다. 그런데 나이가 어느 정도 들어서야 성리공부가 진정한 성공과 행복한 마음을 다듬는 데 참으로 많은 도움이 됨을 알았다. 이런 성리는 우주 만유의 본래 이치와 인간의 자성 원리를 궁구하는 공부법이다.

성리란 성리학의 성性과 리理에서 나온 말로, 성즉리性卽理에서 따왔다. 원불교에서는 성리공부가 사리연구의 한 과목에 속해 있고 성리문답性理問答과 성리연마性理研磨를 한다.

오늘은 전무출신 훈련 일정의 하나로 성리 강의가 있었다. 그 강의를 위해 단상에 나온 교무님은 습관과 업력 속에서 벗어나기 위해 성리공부를 했다고 말했다. 그래서 남녀 교역자 옷을 만드는 정화제복사에서 바느질하며 26년을 살아서도 깅깅 깨어있는 마음으로 당당하게 성리연마를 하며 마음 살림을 했다고 했다. 자기 스스로가 제일 못난 사람이라고 생각도 했지만, 성리를 통한 정신수양 사리연구 작업취사의 공부로 자신을 늘 웃는 얼굴로 가꿨다고도 했다. 너무너무 행복하고 참 좋아서 '법신불 사은이시여, 감응하소서'란 말을 한시도 하지 않으면 이제 허허롭다고 했다.

또 가까운 곳에서 모셨던 어머니가 98세로 이 세상을 떠나시기 전 어머니를 찾았을 때, 그 교무님의 어머니는 『정전』일원상 법어장을 펴 놓고, "니네 법은 동그랗게 얼굴을 그리면 되는구먼."이라고 말씀하셨다고 한다. 그래서 늘 그 말씀을 잊지 않는다고 했다. 그래서 어머니가 그리울 때마다, 이 회상에 왔음을 고마워하며 더 열심히 웃는 얼굴을 마음으로 그리며 성리를 삼켰다고 했다.

그런가 하면 사람에게는 어느 순간 뭔가 확 바뀌는 계기가 오는데 그걸 깨달아야 한다고 말하며 어린 시절을 회상했다. 아버지는 배를 만드는 목수셨다고 한다. 아버지가 일할 때마다 어린 딸이 곁에 있으면 아버지는 먹줄을 가져오라고 말씀하셨고, 먹줄을 가져가면 그쪽 잡으라고 말하고는 딸과 함께 먹줄을 튕겼다고 하셨다. 이렇게 5살 이후로 먹줄을 튕겼고, 19살에는 훨훨 나는 춤을 추며, 21살에 나비처럼 출가했다고 하셨다.

또 제주도 요양원에 근무할 때는 한때 어떤 할머니와 가끔씩 다툰 게 성리공부를 하는 계기가 됐다고도 했다. 달려들어 시비하는 것이 자기 마음을 비추는 거울이 아니냐고 되물었다. 이렇게 자기 자신의 상황이 정리된 후의 자기 얼굴은 구겨져 있었고 '아, 이게 문제구나!' 하는 생각을 하게 됐다고 했다.

그런데 어느 날 반가사유상에 관한 신문기사를 접하며 선화禪畵를 그리겠다는 계획을 세웠고 줄곧 실행해왔다고 했다. 강의 도중 그동안 그린 선화 여러 장을 실제로 보여줬다. 어느 경지에 오른 듯 그 미소가 정말 훌륭했다.

총부에 살면서 그동안 170여 회 열반인을 염했다고 경험을 털어놨다. 지금 강의실에 있는 남성들이 어찌 생각할지 모르지만, 열반인 중 남성도 7~8명 염습을 했고, 생사일여의 경지를 지각했다고도 말했다. 순간 '허허' 하는 웃음소리가 강의실을 메웠다.

그러면서 과거 생의 업력과 업장에 사는 것이 아니라, 맑고 밝은 얼굴을 스스로 그리며 사는 진리의 실행이 성리를 연마하는 공부라고 했다. 강의 마무리하는 말로 생사일여를 그렇게 체화하고 싶다고 했다. 큰 박수 소리가 터져 한동안 이어졌다.

행복과 불행은 동전의 양면과 같이 존재한다. 힘들 때, 외로울 때, 기쁠 때, 행복할 때를 불문하고 오랜 시간 동안 자기의 절제력에 따른 그 상황을 인과의 과정으로 반영하고 있다. 맑고, 밝고, 아름다운 자기 역할에 충실하지 못할 때 행복은 멀어진다. 이런 이치를 바로 알고 사는 것이, 기쁘고 행복하게 사는 것이 성리연마의 재미임을 생각해 본다.

백금이 있으면 집을 사고, 천금이 있으면 이웃을 사도, 좋은 이웃은 돈으로 바꾸지 않는다는 말이 있다. 시간의 흐름에 맞게 자신을 성장시켜야 한다는 함의가 있다. 이렇게 달라지는 자신의 모습을 상상하며 성리공부의 실행력이 살아나게 해야 한다. 천사불여일행千思不如一行이란 말처럼, 천 번 생각하는 것보다 한 번 행동하는 것이 더 중요하다.

(7) 풍요로운 미래

삶을 길 위의 순례라고 말하기도 한다. 행복과 불행을 번갈아 맛보며, 어떤 일에도 사그라지지 않는 행복을 찾아 나서기 때문일 것이다. 누구나 사람으로 태어나는 순간부터 항상 그렇게 산다.

엄마 젖을 떼고 싶지 않아도 때가 되면 젖 대신 밥을 먹어야 했다. 시간이 흐르면 늙고 싶지 않아도 늙을 수밖에 없었다. 그리고 죽을 때가 되면 죽고 싶지 않아도 이 세상을 떠나야 한다.

그렇기에 세상을 사는 동안 어떤 문제가 생길 때마다 슬프다, 외롭다, 우울하다, 이런 감정으로만 자기를 생각하면 안 된다. 때로는 죽음이 무엇인가 생각하는 게 좋다. 그래서 즐거움이 자꾸만 작아지더라도 생사를 초월한 풍요로운 미래를 꿈꿔야 할 것이다.

스스로 자신의 문제를 찬찬히 들여다보고, 즐겁게 해결해 가야한다. 누구도 생사의 문제를 비켜갈 수는 없다. 생사의 문제를 방치하면 할수록 후일에는 그 생사의 문제에 묻혀서 헤어날 수 없게 된다.

요즘은 스스로가 생과 사의 문제를 즐겁게 받아들이는 연습을 하고 있다. 어떤 때는 수긍이 되다가도 어떤 때는 안 된다. 이런 디딤돌 놓기를 반복하고 있다.

하지만 잘 안 되더라도 낙담하지 않는다. 낙담할 필요도, 성급할 필요도 없기 때문이다. 그저 차근차근하게 대처하는 일과, 그 문제를 편안하게 마음에 들이대는 용기를 잃지 않기 위해 힘쓰고 있다.

그래도 생각의 공간이 깊어지고 넓어진 것 같다. 풍요로운 미래는 항상 달콤한 꿀단지로만 존재하지 않는다는 사실도 깨닫게 된다. 유연한 상상이 보탬이 됐다. 인생을 하나의 실험이라 생각하면 즐겁다. 과거의 나는 지금의 내가 아니다.

누구든지 자기 생사의 문제에 꿀단지를 붙일 필요가 있다. 삶을 보람 있게 하는 일이 된다. 생사의 문제가 뭐 그리 대단하다고 보람 있는 일이 될까 생각할 수도 있지만 그게 아니다.

탈신공개천명脫神功改天命이란 말이 있듯이 이미 초월된 기쁨을 가질 수 있다. 신神이 할 일을 빼앗아 자기 스스로 천명天命을 고치는 일이기에 그렇다.

얼음은 얼리는 용기의 형태에 따라서 그 모양이 변하듯이, 사람의 마음도 마음을 담는 태도에 따라 세모, 네모, 동그라미같이 만들 수 있다. 풍요로운 미래를 원한다면 이 세상의 변불변變不變의 이치를 깨달아 자신의 마음을 가다듬고, 자신을 정화하며, 생사의 문제를 초월하는 힘을 기르며, 풍요로운 미래를 가꿔가야 한다.

(8) 가장 먼저 가장 많이 해야 할 공부

중국 청나라 말기 때 정치가였던 증국번曾國藩은 대단히 신기한 인물이었다. 사람들은 그를 성상聖相이라 일컫기도 하고 원흉이라 말하기도 했다. 그러나 중국을 통일한 마오쩌둥은 근대인물 중 '나를 무릎 꿇게 하는 이는 오직 증국번뿐이라'고 평가했다.

증국번이 청조에서 맡은 첫 번째 주요임무는 군사들을 훈련하는 일이었다. 그런데 부하들을 너무 혹독하게 다루다가 반발한 수하들에게 살해당할 지경에 이르기도 했다. 위기는 면했지만 치욕까지 씻을 수는 없었다. 이후 절치부심하여 직접 군사를 이끌고 전공을 세워야 하는 전투에 참여하기도 했다. 하지만 세 번을 모두 패하고 말았다. 참을 수 없는 수치심은 곧 세 번의 자살 기도로 이어졌다. 그러나 죽지 않고 살았고 증국번은 이때부터 달라졌다. 그는 황제에게 수군의 필요성을 역설했다. 태평천국군은 반란 초기부터 일반 선박을 개조한 1만여 척의 전함을 거느리며 장강長江 전체를 장악하였기에 청 관병은 전쟁에서 육로로만 이동하며 싸웠다. 그러나 강을 타고 신출귀몰하는 반란군을 당해낼 수 없었다.

황제의 허락을 얻은 증국번은 최고의 수군 양성에 나섰다. 하지만 절대 서두르지 않았다. 많은 연구와 시행착오 끝에 위력이 강한 서양 대포를 장착할 수 있는 견고한 전함을 만들어냈다. 배만 있다고 되는 게 아니었다. 뭍에서만 생활하던 남부의 호남에서 수군을 모집하는 데 애를 먹었다. 가까스로 모집한 병사들의 훈련이 채 끝나기 전에 황제의 독촉이 이어졌다. 석 달 동안 세 번이나 출병요구를 받지만, 증국번은 아직 준비가 안 됐다고 단호히 거부했다. 화가 난 황제는 호남에서의 권력 놀음이 재미있냐고 트집을 잡았고 대소신료들의 비아냥도 목숨 걸고 받아냈다.

말 한마디면 목숨까지 내놓아야 할 황제한테 이런 소리를 듣는다는 것은 소름 끼칠 일이었다. 게다가 그의 정적들은 증국번이 강남 4군의 군권을 독차지하려 한다는 모략으로 황제의 분노를 더욱 부추겼다. 증국번은 그래도 끝까지 굴하지 않고 황제를 설득하면서 자신이 생각하는 준비를 마쳤다. 그 후 결국 당대 최고의 전함과 체계적으로 잘 훈련된 수군을 출병시켜 태평천국군을 타도하고 장강을 점령함으로써 태평천국의 난을 진압했다.

후일 태평천국군의 명장 석달개는 체포돼 죽음을 앞둔 상황에서 증국번을 이렇게 평했다. "증국번은 전쟁터에서는 별 볼 일 없었지만 뛰어난 장수를 알아보는 탁월한 안목이 있었다. 끊임없는 연구 분석으로 치밀하고 완벽한 계략을 세웠다. 이런 지휘관은 처음 본다. 그가 황제의 노여움에 떨거나 황제의 사랑을 갈구했다면 명령이 떨어지자마자 출병을 했을 것이다. 그 결과는 또 보나 마나였을 것"이라고 말했다. 이렇듯이 증국번은 전공을 의식했던 조급한 실패를 거울삼아 바르게 보고, 바르게 알고, 바르게 준비하고서야 전쟁에 나가 역사에 남는 승리를 거뒀다.

인생은 왕복 차표가 없는 외길에서의 자기 추구나 마찬가지였다. 살아가는 목표와 성공의 과정을 어떻게 생각하느냐에 따라 삶이 달라진다. 이 세상에서 가장 고민 많은 사람이 만들어낸 게 웃음이라고 니체가 말했지만, 큰 성공과 활짝 웃는 웃음은 자연적으로 이뤄지는 것이 아닐런지. 그래도 가장 먼저 가장 많이 해야 할 공부가 활짝 웃는 웃음이었다.

(9) 자강불식 自强不息

결재서류를 넘기다 한 위기가정 가장의 사례판정회의 기록지가 유독 눈에 띄었다. 주요문제 및 원인을 기록하는 난을 자세히 살폈다.

「막역한 친구로부터 사기를 당해 6억 원의 빚을 졌고, 친구를 상해한 혐의로 5년간의 수감생활을 마치고 출소하였다. 현재는 수감 중에 있었던 질병 및 심리적 고통으로 인해 신체적으로 매우 쇠약하며 생계유지를 위한 경제활동이 불가능한 상황으로 이에 따른 생계비 지원을 요청한다.」

이렇게 원하는 바 그대로 처리된다 해도 지원받을 수 있는 금액은 얼마 되지 않았다. 하지만 비탄의 시간 속에서 꺾인 용기를 되살려 내는 힘이 되길 바라며 사인을 했다. 그분이 겪었을 절망 때문에 내 마음도 아팠지만, 이제부터는 심장이 타들어가듯 주저앉는 삶보다는 건강과 행복과 성공의 실마리를 찾는 삶이 되기를 기도하며, 자강불식 후덕재물 自强不息 厚德載物이란 말을 한참 동안 떠올렸다.

삶을 사는 동안 우리의 발걸음이 향한 곳은 바로 희망의 근원지였다. 성공한 사람들 주변엔 꿈을 꾸는 사람들이 모이는 것을 볼 수도 있다.

성공으로 아름답게 보이는 타인의 모습을 투영해 새로운 동기를 찾고 닮아가려는 노력을 해야 한다.

새로운 희망을 품는 사람일수록 새로운 실행을 지속하는 내면의 본질적인 욕구나 가치를 올바르게 세워, 자신이 원하는 태도를 지속해서 유지하며 분발하고 살아가야 한다. 그렇게 앞으로 나아갈 때, 그 힘든 시간을 극복하고 어려움에서 뚫고 나아가 성공하며, 깨달음 또아 보다 여유롭게 살아갈 수 있다.

자강불식의 문제의식이 분명할수록 어떤 사실 안에서의 긍정적인 일 처리를 가능하게 하는 혜안과 그 실현의 의지가 발현된다는 사실을 인지하고 살아가야 한다. 그 태도가 얼마나 중요한지 생각해 본 하루였다.

(10) 복덕의 싹

원기101년 5월 1일, 원불교 100주년 기념대회가 서울 월드컵 경기장에서 진행되었다. 경산 종법사님이 법문하셨다.

"마음은 천지를 품고, 영겁을 함께하며 선악의 조물주다. 이런 마음으로 정신개벽을 선도해야 한다. 마음의 벽을 뚫고, 천지를 품에 안고, 더 더하지 말고 빼기를 자주 하며, 시들지 않는 무궁화꽃을 피우고, 또 그렇게 영생을 함께 하며, 자기 마음을 늘 살펴서, 잡념이 없으면 감사를 올리고, 쓸데없는 마음과 못된 마음을 지워 버리며, 씻어버릴 줄 아는 사람이 되자. 이런 사람이 정신개벽의 주인공이 되고, 어변성룡하듯 인변성불하며 소태산 대종사님의 교법을 전하는 사도가 된다"

오늘은 2560년 전 보리수나무 아래에서 깨달음을 얻으신 석가모니 부처님이 탄생한 날이다. 천상천하유아독존天上天下唯我獨尊이라 외치며 태어났다.

세상에 단 하나밖에 없는 개개인은 누구나 최고요, 존귀한 존재라는 의미이다. 어디에도 구속되거나 억압받지 않는 해탈과 자유의 경지를 추구하는 인간을 함의하고 있다. 석가모니 부처님은 이렇게 존귀한 자신의 존엄성을 찾고, 해탈과 자유의 길로 이 세상 사람들이 들어서야 한다고 생각했다. 그리하여 깨달음을 얻은 뒤, 49일이 지나 깨달음의 지혜를 세상에 알리기 위해 녹야원에 이르렀다. 그곳에서 과거에 함께 공부했던 도반들에게 자신이 깨달은 법을 설했다. 4주 만에 5명의 도반들이 모두 번뇌를 끊고 해탈을 이루자, 이제 우리는 깨달은 삶을 사는 사람들이 모인 수행공동체를 이루었다고 선언했다. 계급적 차별이 엄중하게 존재하던 그 사회에서 모두가 평등한 승가를 만들었던 것이다.

이런 마음으로 우리는 오늘, 마음을 밝히는 등불을 켰다. 날마다 어디를 향해 달려가는지 생각해야 한다. 과거의 나쁜 기억을 지우며 더 새로워져야 한다. 늘 진지하게 성찰하며, 자기 내면을 들여다보는 참회懺悔를 지속하며 살아야 한다. 이렇게 신앙을 하고 수행을 하면 마음뿐 아니라 몸까지도 함께 건강해진다. 마음이 고요해지고, 편안해지고, 행복해지기 때문이다.

참懺이란 태어나서부터 지금까지 지은 잘못을 뉘우치는 것이다. 부모님께 효도 덜 한 것도 잘못이고, 부모님 속 아프게 한 것도 잘못이다. 자녀나 친지, 그리고 이웃에게 못되게 한 것도 잘못이다. 회悔란 지금부터 미래에 이르도록 지을 허물을 뉘우치는 것이다. 남을 질투하는 것도 허물이고, 남이 나를 질투하게 한 것도 허물이다.

이렇게 잘못이 되고, 허물이 되는 것을 참회해야 한다. 작금의 후회하는 선택보다는, 시간이 흐를수록 아름답게 되는 현명한 선택을 해야만 한다. 우리들의 잔잔한 일상마저 법신불 사은님의 축복이고 은혜임을 늘 감사한 마음으로 받아들일 수 있게 된다.

참회의 방법은 두 가지가 있다. 하나는 사참事懺이요, 하나는 이참理懺이다. 사참이라 함은 성심으로 삼보 전三寶前에 죄과를 뉘우치며 날로 모든 선을 행함을 이름이요, 이참이라 함은 원래에 죄성罪性이 공한 자리를 깨쳐 안으로 모든 번뇌 망상을 제거해 감을 이름이다. 그렇기에 영원히 죄악을 벗어나려면, 마땅히 이를 쌍수雙修하여 밖으로 모든 선업을 계속 수행하는 동시에 안으로 자신의 탐·진·치를 제거해야 한다. 이같이 하면, 저 솥 가운데 끓는 물을 냉하게 만들고자 하는 사람이 위에다가 냉수도 많이 붓고 밑에서 타는 불도 꺼버림과 같아서 아무리 백천 겁에 쌓이고 쌓인 죄업일지라도 곧 청정해진다고 하였다.

세상은 복잡다단하다. 하지만 의두 성리를 들면 그 모든 게 없어진다. 마음이 고요해지고, 편안해진다. 그러나 음양상승陰陽相勝의 도를 따라 선행자는 후일에 상생相生의 과보를 받고, 악행자는 후일에 상극相克의 과보를 받는 것은 호리도 틀림이 없다고 하셨다. 그렇기에 영원히 참회 개과함으로써 능히 상생 상극의 업력을 벗어나고, 죄와 복으로부터 자유로워질 수 있음을 깨닫고 확신해야 한다.

그러기 위해서 먼저 해결해야 할 과제가 있다. 옛 생활을 버리고 새 생활을 개척해야 한다. 악도를 놓고 선도에 들어야 한다. 과거의 잘못까지도 참회하여 날로 선도善道를 행해가야 한다. 그리되면 구업舊業은 점점 사라지고, 신업은 다시 짓지 아니하여 선도는 날로 가까워지고, 악도는 스스로 멀어진다고 했다. 그러므로 경經에 이르시되 전심작악前心作惡은 구름이 해를 가린 것과 같고, 후심기선後心起善은 밝은 불이 어둠을 파함과 같다고 하셨다. 죄는 본래 마음으로부터 일어난 것이라, 마음이 멸함을 따라 반드시 없어질 것이며, 업은 본래 무명無明인지라 자성의 혜광을 따라 반드시 없어진다고 하였다.

그러나 죄업의 근본인 탐貪·진嗔·치痴를 또다시 범하지 않도록 노력해야 한다. 아무리 참회를 한다고 할지라도, 후일에 또다시 악을 범하고 보면 죄도 또한 멸할 날이 없다고 하셨다. 탐·진·치를 그대로 두고는 죄업이 청정해지지 않는다고 하였다.

비록 견성은 하였다 할지라도 천만 번뇌와 모든 착심이 동시에 소멸되는 것이 아니다. 삼대력三大力을 얻어 견성을 하였다고 할지라도, 정업定業은 능히 면하지 못하는 것이라 하였다. 마땅히 이 점에 주의하여 사견邪見에 빠지지 않도록 유의하며 죄업을 경하게 해야 한다. 이렇게 해야 복과 덕의 싹이 자라날 마음의 바탕이 마련되기 때문이다.

오늘의 이 관등 행사가 자기 자신을 더 맑고 향기롭게 만들 수 있는 계기가 되어야 한다. 서로서로 밝은 등불을 밝혔으니 자기 스스로 자기 자신을 등불로 삼고, 자기 자신에게 스스로 의지할 수 있는지, 또 진리에 의지하고 진리를 스승으로 삼을 수 있는지, 또 어느 누구와 함께하더라도 편해질 수 있는지 자각해야만 한다.

동물이든 식물이든 물을 근원 삼는다. 물에 근원하는 나무뿌리가 있어야 그 나무가 마르지 않고 성장하듯이, 신앙도 근원을 찾는 마음이 솟아나야 마음의 생기를 잃지 않고 활력이 넘치는 신앙인이 된다.

이제 이렇게 신앙의 근원에 다가서려는 활력을 일으켜야 한다. 이런 마음으로 자기 마음에 법신불에 대한 싹이 트고 있는지 늘 살펴야 한다. 그래야 복福과 덕德의 싹인 신심과 공심과 자비심을 기르는 사람이 된다. 복 받기를 원하거든 형상 없는 마음에 복의 싹을 길러 내고, 죄 받기를 싫어하거든 형상 없는 마음 가운데 죄의 뿌리를 없애야 한다고 했다. 이런 마음으로 남을 위하여도 미래의 복덕이 된다고 하셨다.

늘 부지런히 배우며 정진해야 한다. 좋은 밭에 좋은 씨앗을 뿌렸더라도 촉촉하게 비가 내려주지 않으면 싹이 트지 않는다. 항상 복덕의 싹이 되는 신심과 공심과 자비심을 기르는 데 힘써야 한다. 선하고 착한 일로써 열심히 마음을 닦는 일을 부지런히 노력하며 힘써야 한다.

부모가 금수저를 물려줘도 자기 것으로 만들지 못하면 별것이 아니다. 새로운 미래의 성공과 행복을 성취하려면 어디서든지 자기 마음의 주인이 돼야 한다. 수처자주隨處作主하고 입처개진立處皆眞하는 마음이 좋은 삶을 사는 해법을 증득하게 해준다. 직장이든 가정이든 학교든 내가 최선을 다해 잘 살면 그 자리가 진리 자체가 된다.

그렇게 어느 때나 항상 자기 마음을 통해 복덕의 싹을 틔우고 있는지, 그렇게 자기 마음을 잘 쓰고 있는지 돌아보며, 나만을 위하는 마음뿐 아니라, 가족이나 동료 그리고 이웃을 위하는 마음을 더 많이 북돋아 내며 더 풍요롭게 하는 복덕의 종자를 심고 가꾸어야 한다.

조금은 더 새로운 생각과 아름다운 실행에 관심을 가져야 한다. 그러기 위해 사량계교하지 않고 더 신심을 내는 일로, 더 베푸는 생활로, 더 공심을 내는 일로, 더 꼴 잘 보는 생활 방식의 추구로 서로에게 은혜를 베푸는 일이 되게 하며 복덕의 싹을 무럭무럭 키우는 삶을 살아야 한다. 사소한 일 같지만 밥을 먹었는지 묻고, 살아있음을 확인하는 대화나 관계가 서로에게 큰 힘이 된다. 이렇게 가족끼리, 가족과 이웃끼리, 가족과 친지끼리 서로 함께 잘 사는 대전환의 전기가 만들어지게 해야 한다. 서로를 기쁘게 인정하는 마음과 그 윤기 속에서 스스로를 더 건강하게 하는 치유의 힘이 생겨남을 깨달아야 한다. 복덕의 싹은 이럴 때 더 크게 자라난다.

(11) 편안하고 부드럽게 살아가기

나는 잘 쉬며 사는 걸까? 가끔 생각해 보는 물음이다. 새로운 도약을 위해서든, 스스로의 치유를 위해서든 쉬어야 할 때 모든 걸 놓고 쉬면서 힘을 모으면 더 현명한 내일의 선택을 해 나갈 수 있었다.

휴식의 첫 글자 휴休는 사람[人]이 나무[木]와 어우러져 있는 모양이다. 쉴 때의 자세는 어떤 물체에 기대거나 눕든지 간에 자기 마음을 내려놓아야 함을 한문 글꼴이 보여준다. 식息은 나[自]의 마음[心]이 신체의 밑으로 어우러져 있는 모양이다.

편안하게 숨 쉬려면 이렇게 해야 한다. 그런데 많은 사람은 휴식을 일하는 도중에 잠깐 쉬는 것쯤으로만 이해한다. 그렇지만 법신불의 본원성을 스스로 확인하면서 자기 자신을 밑에 내려놓지 않으면 잘 쉬어지지 않는다. 도리어 온갖 시비 이해가 머리를 아프게 할 때도 많다.

그렇기에 잘 쉬려면 법신불의 본원성에 가까워지는 생각과 아울러서, 세상 어디에서도 체험할 수 없는 지금 여기를 즐기는 취사를 해야 한다. 탐진치를 마음에서 비워내야 하고, 어떤 때는 알지 못하는 마음까지 떨쳐내야 한다. 알면서도 알지 못하는 것이 있을 때이다.

어느 정도 시간이 흐르면 부드러운 마음과 자세를 취할 수 있다. 사랑과 기다림의 마음으로 부드러운 사람이 되면 내일을 보다 편안하게 준비할 수 있다. 저절로 편안한 미소를 띨 수도 있다. 그렇게 되면 얼굴에 편안한 미소를 띠는 것만으로도 행복해진다. 더욱더 앞으로 나아가서는 더 아름답고 예쁜 미소, 더 친절한 미소를 짓는 연습도 할 수 있다.

이렇게 자기 마음과 태도를 고쳐 가면 무슨 일이든지 원활히 소통하는 일이 가능해진다. 센스 있는 사람이 되는 것이다. 그렇게 센스 있는 사람이 되면 복잡한 대인관계라도 호기심이 발동하고 재미있어진다. 이렇게 부드러워지고 참 미소가 가능해지면 어느 때나 센스 있는 사람으로 성찰된다. 마음을 챙기고 태도를 바꾼 기쁨과 행복을 무한히 느낄 수도 있다.

중국 역사서 『사기史記』를 쓴 사마천은 1년을 살려거든 곡식을 심고, 10년을 살려거든 나무를 심으며, 100년을 살려거든 덕을 베풀라고 말했다. 바로 『사기열전』과 『화식열전』에 나오는 '거지일세居之一歲 종지이곡種之以穀, 십세十歲 수지이목樹之以木, 백세百歲 내지이덕來之以德, 덕자德者 인물지위야人物之謂也'가 그것이다.

언제든지 이런 생각을 놓지 않는 휴식을 취해야 한다. 이렇게 할 때 너 밝게 미래를 지향하는 마음을 낼 수 있고, 상노를 높여 가며 자신을 나름어내는 일도 즐길 수 있다.

나무를 무성하게 키우려면 뿌리를 튼튼히 해야 하고 물을 멀리까지 흐르게 해야 하듯이, 인간으로서 더 건강하게 복혜가 증진되는 삶을 살려 한다면 그 증진 작용에 필요한 태도를 취해야만 한다.

어떤 일이라도 우주의 일부분이라는 통찰을 전제로 일하면 마냥 편안하고 행복하게 연결된다. 석가모니 부처님께서 천상천하유아독존天上天下唯我獨尊이라 하였듯이, 하늘로부터 땅 아래 모든 세상에 내가 가장 존귀하다는 것을 자각할 수도 있다.

유아독존의 아我에서 말하는 나란 모든 생명체의 본래자리를 의미한다. 그건 다른 누군가에 의해 정해진 것이 아닌, 바로 그 깨달음의 경지, 붓다의 자리인 것이다. 삼계개고三界皆苦 아당안지我當安之하려면 이렇게 존귀해야 한다. 그것이 욕계·색계·무색계의 삼계에서 온 세상 모든 중생이 고통에서 벗어나 편히 하는 자리이다.

불가에서는 내가 존재하므로 이 세상이 존재하는 것이라고 말한다. 불교의 가장 근본적인 교의는 연기법이라 할 수 있다. '고통의 조건'을 없애라는 희망의 가르침이다. "법을 보는 자는 여래를 보고, 여래를 보는 자는 법을 본다. 연기를 보는 자는 법을 보고, 법을 보는 자는 연기를 본다."라는 가르침은 부처님이 연기의 진리를 깨달아 비로소 붓다가 되었으며, 동시에 그 깨달음의 핵심이 바로 연기법임을 잘 말해주고 있다.

연기법은 대개 괴로움이 성립하게 되는 과정을 보여주는 '유전流轉연기'와 괴로움이 소멸하게 되는 과정을 나타내는 '환멸還滅연기'의 두 방식으로 설해진다. "무명無明을 연緣하여 행行이 있고, 행을 연하여 식識이 있고, 식을 연하여 명색名色이 있고, 명색을 연하여 육입六入이 있고, 육입을 연하여 촉觸이 있고, 촉을 연하여 수受가 있고, 수를 연하여 애愛가 있고, 애를 연하여 취取가 있고, 취를 연하여 유有가 있고, 유를 연하여 생生이 있고, 생을 연하여 노사우비고뇌老死憂悲苦惱가 있다."라는 순서로 설해지는 것이 유전연기다. 반대로 "무명이 멸滅하므로 행이 멸하고, 행이 멸하므로 식이 멸하고, 생이 멸하고, 노사우비고뇌가 멸한다."라는 순서로 설해지는 것이 환멸연기이다.

이런 연기법은 설명의 편의상 보통 유전연기로 설해지지만, 연기법의 본래적이고도 근본적인 의의는 오히려 환멸연기에 있음은 두말할 나위가 없다. 이러한 초기 경전 상의 연기설은 오랜 불교 사상사의 흐름 속에서 업감業感연기설, 아뢰야식阿賴耶識연기설, 진여眞如연기설, 법계法界연기설, 육대六大연기설 등으로 전개된다.

"이것이 있으므로 저것이 있고, 이것이 일어나므로 저것이 일어난다. 이것이 없으므로 저것이 없고, 이것이 소멸하므로 저것이 소멸한다."라는 가르침은 흔히 '연기의 기본공식'이라고도 일컬어진다. 이것은 초기 경전에서 발견되는 다양한 형태의 유지有支연기, 즉 5지연기, 6지연기, 8지연기, 9지연기, 10지연기, 12지연기 등을 총괄한다. 그리고 이처럼 다양한 형태의 유지연기는 이른바 12지연기로 정형화된다. 그런데 연기의 기본공식 가운데서 특히 '이것이 있으므로 저것이 있다[此有故彼有]'는 구절은 일반적으로 모든 사물과 존재의 상호의존성 또는 상의상관성相依相關性으로 설명되며, 이것은 곧 연기법의 근본 의미로 이해되고 있다.

요컨대 연기법은 "모든 괴로움은 절대적·운명적인 것이 아니라 연기되어 있으므로, 그 조건과 원인을 파악하여 괴로움을 극복하라."라는 메시지를 전해주고 있다. 그 괴로움의 근본 원인은 인간 스스로의 '진리에 대한 무지[無明]'이며 '끝없이 타오르는 욕망의 불꽃[貪愛]'임을 밝혀주고 있는 것이다.

그렇기에 편지를 이야기하는 데 있어 이웃이 남이 아니라 또 다른 나의 모습으로 되돌아온다. 상대를 무작정 미워하고 욕하고 해칠 수는 없다. 그래서 업보의 굴레를 벗어나지 못하는 것이 바로 중생심이며, 또한 세세생생 오랜 습관으로 쉽게 고치지 못한다 하더라도, 자기 자신이 기필코 이런 습관과 태도를 고쳐야만 하는 이유이기도 하다. 말한 대로 이루어진다. 생각이 말이 되고, 말이 행동이 되고, 행동이 습관이 되고, 습관이 성격이 되고, 성격이 운명이 되어 자기의 삶을 결정한다. 내 생각과, 내 말이 진정 이러한 것을 안다면 생각과 말을 함부로 할 수 없다. 함부로 했던 불평불만의 마음과 부정적인 말을 오늘 깨끗이 지워버려야 한다.

그 누구든 "진리는 하나, 세계도 하나, 인류는 한 가족"이라는 대산 종사의 법문을 통해 세상을 바르게 바라보면서 혹 체험하게 될지도 모르는 비대칭성의 논리를 극복하고 더 넓은 세계관을 수용할 수 있는 마음을 내야 한다.

이런 한마음 한 이치를 상상하면, 현실 속에서 모두를 기쁘게 이해하고 수용하며 즐길 수 있는 사람만이 이 세상을 편안하고 부드럽게 살아가는 마음을 낼 수 있다. 어떤 상황에서든지 세상과 삶을 두려워하지 않으려면 자기를 더욱 새롭게 할 수 있게 대처하며, 편안하고 부드럽게 살아가기를 염원하는 시간을 많이 가져야 한다.

(12) 그 따뜻함

한 낮의 따뜻한 햇볕을 쬐고 싶어 밖으로 나갔다. 많은 사람이 봄의 생기를 느끼기에 분주하다. 그 따뜻함을 운동이나 꽃놀이 등 여러 가지 모습으로 즐기고 있었다.

　한 걸음 한 걸음 따뜻하게 쏟아지는 햇살 속의 봄기운이 바람 따라 감돌았다. 흔들리는 꽃잎을 활짝 피워내고 있음을 느끼는 것만으로도 상쾌했다. 얼마 전에 읽었던 책의 구절인 '부분은 전체를 닮아가게 한다'는 프렉탈 이론이 생각났다. 꽃과 나무들의 새순이 프렉탈적 중첩의 방식을 이야기하듯 자연적인 생生의 활력을 느끼게 해줬다. 그 규칙성으로 여기저기에서 언 땅을 뚫고 올라와 너무 멋진 새순과 꽃망울이 되고 있었다.

　이 모습을 보여주랴, 저 모습을 보여주랴. 그 긴 겨울을 인내한 초목들이 정말 아름다웠다. 혹독한 추위와 어려운 고비를 넘긴 것만큼 보란 듯이 생기를 뿜어내 발산하는 것 같았다. 새롭게 생명 활동을 시작하게 한 그 따뜻함과 편안함이 너무도 좋았다.

　온갖 생명이 무상의 생기를 또다시 깨우쳐줬다. 없어서는 살 수 없는 은혜를 생각했다. 풋풋한 생명의 경이로움이 그렇게 빚어지고 있었다. 이렇게 사시의 순환과 그 성장을 경험하고 새롭게 지각한다는 것만으로도 내 삶의 큰 아름다움이고 행복이었다.

　순환의 즉시성 속에서 참을 수 없는 내 존재의 가벼움을 미완숙의 기쁨으로라도 대치해 생각해야만 했다. 이럴 때도, 저렇게 될 때도, 물리적이고 추상적인 자연의 세계와 체계를 바로 이해하는 것만으로도 큰 용기를 내 살아나갈 힘이 채워졌다. 햇살의 빛남으로 꽃이 되는 그 따뜻함의 작용성을 생각하며 걷고 또 걸었다.

　일원대도의 길이 아니면 갈 길이 아니라고 믿어 왔던 지난날의 시간을 생각했다. 마음의 본래자리인 본원에 해맑은 모습으로 깊숙이 합하지 못하면 인생이 얼마나 허무한 것인지 생각했다. 이러한 사실을 스승님들의 가르침으로 깨달았음에 감사했다. 참 좋은 햇살이 내뿜는 그 따뜻함을 온몸으로 느끼며 평온함과 마음 다함을 생각했다.

(13) 삶의 의미를 더하는 즐거움

사는 것은 무엇인가? 지혜와 자비를 배우고 익히며 즐겁게 생활하는 길이다. 그래서 삶의 의미를 더하며 즐겁게 사는 사람이 세상을 가장 잘사는 사람이라고 생각한다. 그렇게 즐거움을 느껴야만 더 알차게 보낸 하루하루가 됐다.

괴롭지 않게 사는 법을 터득하는 것이 즐겁게 사는 지름길이었다. 물론 애별리고愛別離苦로부터 빚어지는 괴로움이 삶 속에 남아 있지만, 괴로움과 즐거움은 일상의 마음 쓰기에 좌우됐다. 이렇게 변화되어 자기중심적 충돌이 일어나지 않도록 처신하면 즐거움은 넘쳐났다. 내 곁에 있는 사람에게 '사랑한다' 말하고, '고맙다' 말하고, 때로는 조용히 나눔의 손을 내밀 수 있는 마음도 필요했다.

물론 상대적일 수 있었다. 만족스러운 삶의 길을 걸어가며 일과 여가가 균형을 이룬 생활과 그 환경 속에서 건강을 지켜내는 심신 관리도 중요하게 다뤄야 했다. 건강한 것에, 고마운 것에, 감사한 것에 더 많이 눈을 떠야 했다. 그렇게 믿고 말하고 행동하면 즐거움의 가짓수가 늘어나고 더 커졌다. 설렘만큼이나 돌아온 아쉬움도 컸다.

그러나 때론 예상치 못한 잘못된 선택이 후회로 남을지라도 그 일 속에서 즐거움을 찾고 지켜내는 게 좋았다. 그렇게 좀 더 높은 곳을 향하여 자신을 연마하며 큰 뜻을 이뤄가는 가운데 감정노동처럼 다가오는 반복되는 일과도 때론 자신을 일깨우는 귀하고 귀한 즐거움이 됐다.

사람은 현재를 사랑하며 살아가는 존재였다. 현재적 가치를 지향하며 새로움의 돌파구인 따뜻함의 즐거움을 찾고 더 많이 느낄수록 더 좋은 하루가 됐다. 그렇게 세상을 알면 알수록 어떤 마음을 갖느냐에 따라 즐거움의 질이 결정됐고 하루의 소중한 의미가 추가됐다. 그래서 어떤 상실감으로도 더는 스스로 깊게 절망시키지 않는 공부가 필요했다. 그 어떤 어려움이 닥친다 할지라도 이렇게 힘을 내는 용기가 삶의 멋이 됐다.

맛있는 음식도 여기저기서 이것저것 먹어 보아야 그 맛을 제대로 알 수 있었듯이, 즐거움도 때론 어디서든 무작정 생각하고 느낄 때 그 진미를 알 수 있었다. 어떤 때는 뛰어서 즐거움을 찾고 느끼고, 어떤 때는 쉬엄쉬엄 걸어가면서 그리할 필요도 있었다. 뛰거나 걷는 동안은 목적지가 항상 눈앞에 있었고 즐거움도 마음속에서 솟아났다. 뛰어가는 것이 좋은지 걸어가는 것이 좋은지 그 선택과 결과는 본인만이 알 수 있었다. 작고 큰 즐거움이 그렇게 내 곁에 찾아왔다. 늘 힐링이 되는 즐거움을 찾고 느끼며 때론 기도도 하며 즐거움을 더 크게 키워 느끼면 마냥 행복했다.

천지 하감지위! 부모 하감지위! 동포 응감지위! 법률 응감지위!
거룩하신 법신불 사은이시여!
법신불 사은님으로부터 매일 매일 기쁘게 살아갈 은혜를 받은 저는 대자연과 모든 일에 감사하는 자세를 더 익히고 즐기기를 서원하며 오늘의 그 어떤 상황성에도 감사를 드립니다. 제가 모진 풍파에도 변하지 않는 인과적 믿음을 갖고 일원상 신앙으로 진리를 체화하고 일원상 수행으로 거듭 증득해 가게 하시옵소서! 매사에 정성을 다하며 탓하지 않고 감사하는 마음을 갖고 익히고 또 크게 지녀서 나 자신이 가야 할 길을 더 기쁘게 걸어 나갈 수 있는 큰 지혜와 용기와 활력을 불어넣어 주시옵소서!
일원의 진리를 널리 널리 전하며 꽃 피운 일꾼 되게 하시옵소서! 제 삶의 의미를 더하는 즐거움을 바로 알게 하시옵소서! 청정한 마음을 모아 일심으로 비옵나이다!

늘 이렇게 기도하는 것도 잊지 못할 위안이고 너무나 큰 즐거움이었다. 무엇인가 새로운 것으로 법사에 나가올 이방석인 일들을 떠올렸다. 이렇게 제화하고 증득하고 새로운 깨침을 얻으면 얻을수록 마음을 잘 사용하는 생활 속의 공부와 기도가 얼마나 중요한지 실감할 수밖에 없었다. 즐거움을 찾고 느끼는 일이 곧 복 짓는 일이었음을 깨달을 수 있었다.

(14) 하하 박수

'사랑의 식당'은 배려계층 어르신들께 따뜻한 점심을 제공하는 곳이다. 본관 사랑의 식당에도 주중에는 매일 100분 이상의 어르신들이 맛있는 점심을 드셨다. 그런데 이분들이 가끔 이건 내 자리다, 저것이 네 자리다 하고 서로 시비하고 다퉜다. 그렇게 되면 어떤 분들은 밥 한 끼라도 맘 편하게 먹자고 말씀하시며 말렸다.

이 무질서를 바로잡고 싶었다. 서로의 처지를 이해하고 수용하고 배려하고 아끼고 사랑하는 마음을 내게 만들 수 있다면 그래도 좋은 배식 질서의 변화를 가져올 수 있지 않을까 생각했다.

이런 분위기를 극복하기 위해 어느 정도의 어르신들이 식당 홀에 모이시면 손뼉을 치기 시작했다. 꽤 긴 시간이 흘렀다. "나는 부처님같이 좋은 사람이다. 그러니 나는 행복하다."라는 의미를 담은 표어를 말하고 웃으며 손뼉 치는 동작을 서로서로 염불처럼 세 번씩 반복했다. "이제는 나는 좋다, 나는 행복하다, 하-하-하!"로 바뀌었다. 하루에 세 번씩 선창과 후창을 반복하며 이렇게 웃으며 기쁘고 행복한 하하 손뼉을 쳤다.

처음에는 별 반응을 보이지 않던 어르신들도 곧잘 따라 하시며 웃으시고 즐거워하셨다. 이제는 며칠간만 손뼉을 치지 않으면 왜 하하 손뼉을 치지 않냐고 물으시기도 했다. 업무상 시간이 안 맞아서 식당에 못 내려갔다고 말씀드리면 서운해하기도 하셨다. 다음에 시간이 허락하면 내려가서 함께 재미있는 하하 박수를 하시자고 말씀드리면 어르신들은 밝게 웃으셨다. 마치 몰입의 과정에서처럼 클라이막스에 도달해 더욱 기쁘게 손뼉 치시는 어르신들의 모습을 보면 어느 때는 가슴이 뭉클해지기도 했다.

하지만 '현실적인 것이 이성적인 것'이라고 하는 명제를 받아들이는 게 무리인 상황도 있었다. 임상심리학에서 의식은 흔히 주관적인 체험, 인식, 깨어있는 상태, 혹은 마음의 주 통제장치가 정상화 되었을 때 가능하다고 설명한다. 겪고 보면 이런 설명과 활동이 허무하다는 말 밖에는 나오지 않을 때도 있었다. 훼방 아닌 훼방도 있었다.

그래도 인간사회의 가장 기본적 가치는 이해하고 수용하고 배려하며 발현하는 공경과 사랑과 행복이 되어야 한다고 생각했다. 이런 기쁨과 행복은 돈을 주고도 살 수 없었다. 꽃을 피울 씨앗을 심는 것처럼 행복을 꽃 피우기 위한 마음으로 하하 손뼉을 쳤다. 겪어보면 행복한 사람들은 뭔가가 다르게 보이고 느끼기도 한다는 걸 알았다. 매정하던 어르신들도 용서하고 사랑과 자비를 베풀거나 이타주의를 실천하는 모습도 간혹 보였다.

긍정 심리학자들이 개인과 공동체가 잘살 힘과 미덕을 과학적으로 연구해 발표한 글을 봤다. 사람들은 의미 있고 가치 있는 삶을 살고 싶어 하며, 자신의 적성을 개발하고 싶어 하고, 더 많이 사랑하고 일하고 놀고 싶어 한다고 했다. 이런 생활의 가치가 행복을 만드는 것을 알 수 있었다.

세 살 버릇 여든까지 간다는 속담도 있지만, 생각의 변화 없이 그리 쉽게 삶이 변하지 않는다는 것을 다시 생각한다. 가끔 뵙는 주변의 어르신들이 하하 박수를 치실 때처럼 마음을 넓혀 가는 여유와 편안함을 잃지 않고 기쁘고 행복하시기를 기대해 본다. 늘 앞뒤 옆 좌석의 어르신들이 서로서로 인정하고 인정받고 기댈 수 있는 친구처럼 오래오래 사셨으면 좋겠다.

(15) 역지사지

커피사빤기가 농전만 삼킨다고 투덜투덜 욕을 하는 주민 한 분이 찾아왔다. 그분의 등등한 기세에 순간 긴장되기도 했다. 하지만 기운과 감정을 조절하며 입장 바꿔 생각해야 한다는 역지사지易地思之를 떠올렸다. 그분의 공세적인 말로 인해 마음의 경계를 또 맞았다. 그러나 맞서기보다 손잡는 일을 선택했다. 엄중하게 그분을 바라보며 진리성을 찾고 잘 다독이고 소통하며 관리 소홀에 대해 사과했고, 더 잘하겠다고 약속한 후 웃으며 악수를 또 했다.

사람이 살아가노라면 이처럼 서로 간에 그리 중하지도 않은 일과 오해로 갈등과 격분을 겪을 때가 많다. 친구 간에도 어떤 이야기를 쉽게 하면 서로의 살아온 배경과 생각이 달라 심한 갈등을 겪을 수도 있다. 그럴 때마다 상대방의 입장을 배려하지 않는 표현과 태도에 대해 성찰하고 상처가 되지 않는 대화와 소통을 해야 한다. 그렇게 시간이 흐른 뒤 상대방의 관점에서 다시 한번 생각해 보면 배려하고 포용하지 못 하는 일이 태반이었음을 알 수 있다.

서로 이해하지 못할 때 오해가 생기고 그 오해는 불신을 낳고 불신은 또한 미움을 낳고 미움은 결국 깊은 불화로 이어질 수 있다. 그렇기에 누구하고든지 원만하게 지내려면 서로 속 깊은 대화를 나누어야 한다. 마음의 문을 열고 대화의 폭과 깊이를 조절해야 한다. 마음의 경계로부터 자기를 더욱 새롭게 이끌거나, 망쳐버린 지혜와 어리석음을 다시 또 배운다. 이런 충분한 소통은 상대방을 올바르게 이해하게 되는 지름길이고, 상조심광相照心光의 계기가 될 것이다.

역지사지의 자세로 내 처지가 아닌 상대방의 처지에서 생각하고 이해해야 원만한 인간관계가 유지된다. 이렇게 내 마음을 멈춰 상대를 바라보고 상대의 마음을 바로 아는 것에서 그치지 않고 어떻게든지 상대가 좋아지도록까지 내 마음을 비우고 또 비워내는 일이 중요하다.

너무 앞서 바라보거나 너무 얕게 바라봐서도 안 된다. 그 일에 지나치게 집착하거나 적당히 접근하면 오히려 관계성을 잃을 수 있는 상황이 생긴다. 그 당시의 느낌과 대화로 풀어가는 그 상황에서 기대와 감동을 뒷받침할 수 있는 자세가 필요하다.

이렇게 서로가 원하는 마음이 되면 항상 편안하고 따뜻하고 더 밝아진다. 이처럼 어떤 상황에서든지 서로의 기대와 감동을 키우는 역지사지로 기쁘고 행복하게 윤기를 건네는 사람이 돼야 한다.

4) 성誠

성誠이라 함은 간단 없는 마음을 이름이니, 만사를 이루려 할 때에 그 목적을 달하게 하는 원동력이니라. -『원불교전서』정전. 팔조의 진행 사조 -

(1) 새날을 맞는 다짐

지나온 시간을 뒤돌아보면 삶이 힘들수록 더 큰 희망을 찾았었다. 어느새 다시 밝아올 새날의 태양을 기대했다. 아마 이 세상의 많은 사람이 가난과 외로움, 슬픔과 좌절, 헤어짐의 아픔과 고통의 눈물을 흘렸으며 그 눈물이 또 자기 성장의 자양분이 될 것이라고 생각한다.

진정한 노력은 인생을 배신하지 않았다. 그렇게 기쁨도 아픔도 슬픔도 어느 순간엔 새 희망을 찾게 한 꿈이 됐다. 원하던 무엇인가를 이루어 가며 다시 비춰올 새날의 태양을 또 기대할 수밖에 없었다.

따뜻하고 아름다운 꿈이 현실이 될 때만이 새날은 아니었다. 내 마음속 모든 일이 또 새 꿈이 되는 현실의 그 자리에서 새날은 편안하게 이루어지고 있었다. 나태해졌다고 생각하면 마지막 날인 것처럼 또 되돌리는 마음을 냈다.

가장 먼저 해야 할 일은 화나 분노로부터 해방되는 자신을 만들고 다듬는 것이었다. 조건반사적 해법이 아니라 절대 선善을 스스로 충족해 나아가는 인내의 실천이 필요했다. 이런 실행을 위해 법신불 사은님께 특별한 다짐도 올려야 했다.

첫 번째의 다짐은 절대 감사였다. 모든 것과 모든 일에 절대 감사하는 것이었다. 실천해 볼수록 어떤 경계로 인한 화나 분노를 가라앉히는 스스로의 힘을 얻는 일이 됐다. 내 안의 욕구를 따뜻하고 아름답게 활용하게 됐다. 강력한 심신 정화의 방법이요 치유의 길이 되기도 했다. 이렇게 하면 일상의 불평불만 정도는 극복하는 일이 충분히 쉬워졌다. 스스로 건강해지고 행복해졌고 평화로워졌다.

두 번째의 다짐은 사소한 모욕을 참는 데 더 익숙해지도록 함으로써 충돌을 일으키지 않고 화합하는 분위기를 만드는 것이었다. 어쩔 수 없이 위기에 부닥쳤을 때라도 내가 원하는 조건을 덜어내고 버리면서 소통하고, 그렇게 잘하고 싶은 마음을 다시 내곤 했다. 인과적 욕구에 충족될 수 있기를 바랐다. 인간관계의 어떤 거래에서 바보가 되라는 말처럼 내가 바보가 되지 않으면 때로는 내가 웃을 수 있는 여유가 없어지고 때론 생기지도 않았다. 경험해 보면 볼수록 그 단맛을 알 수 있었다.

세 번째 다짐은 겸손하고 친절한 말로 소통하며 원만하게 살아가는 것이었다. 누구도 예상치 못한 말을 하거나 들은 후에는 마음 가는 노래를 부르거나 염불하거나 법문 강독이나 사경을 하는 것도 나를 스스로 낮추게 하는 데 꽤 괜찮은 좋은 방법이 됐다.

어떤 마음으로 노력하느냐가 중요했다. 새날을 맞는 다짐을 정성스럽게 올렸던 새 출발의 실험이 엊그제 같다. 사람 된 기쁨의 꽃을 피우듯, 날마다 반복할 수밖에 없는 그저 감사한 일이었다. 새로운 시각을 갖기 위해서는 새로운 출발이 삶의 방식을 변화시키는 데 초점이 맞춰져 있음을 깨달아야 했다. 새날을 맞는 다짐은 목표를 향한 지렛대였다.

(2) 효의 씨앗

오다가다 인사를 나눴던 할머님이 찾아오셨다. 할머니는 옆에 앉은 나를 힐끔 쳐다보며 슬하에 아들과 딸 남매를 두었다고 말씀하셨다. 젊어서 먼저 세상을 뜬 남편 몫까지 열심히 가림 없이 새벽부터 밤늦도록 일했다고 했다. 부모들 마음이 다 그렇듯이 자식을 곱게 잘 키우려고 조금씩 아껴 모은 돈이란 돈은 다 끌어다 가르치고 남에게 뒤지지 않게 결혼까지 시켜서 분가도 시켰다고도 했다.

그 뒤로도 자식들이 형편이 어렵다고 할 때마다 논이든 밭이든 돈이 될 만한 것은 다 팔아 자식들 뒤를 봐 주었다. 배 아파 낳은 아들딸이라고 무조건 다 준 것이다. 그런데 언젠가부터 두 자녀로부터 연락이 끊겼고 할머니는 혼자 남았다. 지금은 어디에 사는지도 모르고 소식도 없는 상황이라고 했다.

그래도 이 할머니에게는 정말 좋은 이웃이 있었다. 그렇게 좋은 이웃을 만난 것이 그나마 다행이었다. 이 어르신의 마르지 않는 눈물을 남모르게 닦아 주고 보살펴 온 그 이웃 아주머니는 더 많은 눈물을 흘렸을지도 모른다. 마음씨가 너무 착해 보이는 이웃집 아주머니가 천사 같았다. 그 아주머니가 할머니를 그동안 친어머니 이상으로 돌봐왔다 했으며, 더 도와주고픈 마음에 별 힘도 없는 나에게 면담을 요청한 것이다.

이웃집 아주머니의 이야기는 이러했다. 얼마 전부터 어르신의 건강에 심각한 이상이 생겼고, 이어 국민건강보험공단에 신체등급판정을 요청하여 3등급을 받았다고 했다. 또 지인의 소개로 요양원에 입소를 시켜드렸는데 날마다 우시며 적응하지 못하고 3일 만에 퇴소를 원하셔서 그간에 살던 집으로 다시 왔다.

그래서 이 일을 어떻게 하면 좋겠냐며 할머니를 정성스럽게 모시고 찾아오신 것이었다. '이런 일도 있구나!' 그저 놀랄 수밖에 없었다. 할머니께서 자녀들에게 무조건 주며 양육한 결과가 그리 나타난 것은 아닐까 생각했다.

효孝는 자녀가 부모에게 경애의 감정에 토대를 두고 행하는 사람의 도리라고 했다. 그런데 이제는 효자들에게 세금을 면제시켜서라도 효를 확산시켜야 한다는 뉴스까지 들린다. 왠지 효를 강제하는 사회가 된 것만 같아 더 씁쓸해진다.

아무튼지 부모와 자식 간에 서로가 생각하고 위하며 사는 것만큼 효가 바로 선다고 생각하게 됐다. 자기 자손들의 마음에 바르게 효의 씨앗을 심고 가꾸어 나가는 지혜를 발현하는 게 너무나 시급한 일이 되었다.

(3) 진인사대천명

사람으로서 해야 할 일을 다 하고 나서 하늘의 뜻을 기다리는 것을 진인사대천명盡人事待天命이라고 했다. 잉여 욕망을 덜어내는 일이 아니라 존엄을 생각하는 마음 수발로 어느 삶을 채우는 노력이었다. 늘 용기 있게 자기 가능성을 실험하는 인생 속에서 맞는 하나의 일이었다.

너무 많거나, 너무 적은 에너지로 자기를 관리하지는 않나 늘 성찰하게 했다. 진중하게 생각하며 일했다고 믿었다. 어떤 일이든지 자신감을 챙기며 수많은 도전과 응전도 했다.

그런데 며칠 뒤 다시 하게 되는 복지관 재위탁 건이 또 하나 넘어야 할 산이 되었다. 구청에서 내려온 운영능력 평가 항목은 3개 영역으로 23개나 되었고, 법인사무처장님도 전국의 법인위탁복지관 평가지표와 비교해 볼 때 매우 까다롭고 엄격해진 지표라고 했다.

주변 분들도 처음 접해 보는 지표라 놀라고 걱정했다. 심사영역이 위탁자로서는 너무 급작스럽게 버거울 정도로 세밀해져 있었다. 재정 능력, 공신력, 사업수행능력 등 3개 영역이었다. 심사 문항은 법인의 재정부담 계획과 자산보유 현황, 법인의 위탁운영 적격성, 인적능력, 운영능력 등이었고, 자격사항도 5년 전의 재위탁 때보다는 매우 높아진 요구사항이었다. 그동안 관장의 입장에서 지역주민들의 삶의 질 향상을 위해 최선을 다해 노력했다고 자임했다. 그런데 미래를 보다 가치 있게 하는 수탁 전망을 편안하게 내다볼 수만은 없었다. 5년 전의 지표나 타구청에서 실행한 지표라면 우리 복지관은 최상의 점수도 기대할 수 있는데, 갑작스럽게 당혹스러운 상황에 놓여져 너무나 초라하게 느껴졌다.

법신불 사은님께 기도하며 내 무능을 탓했다. 더 열심히 했다고 생각했지만, 모든 게 무위로 끝날 수 있는 상황이었다. 그래도 직원들은 포기하지 말자 말했다. 갑의 횡포처럼 보이는 평가 기준에 대한 우리의 억울함을 널리 알려 명예를 회복하기 위해서라도 한마음으로 똘똘 뭉쳐 서류를 준비해 제출하자고 의견을 모았다. 탈락이 기정사실화될 때 받게 되는 불명예와 오해를 벗는 해명 기회를 생각한 말이었다. 우리처럼 안타깝게 희생되는 복지관이 없기를 바라는 정말 눈물이 나게 고마운 마음이었다.

한여름의 폭염 속에서도 몇 날의 밤낮을 서류준비에 매달렸다. 저마다 말없이 최선을 다했다. 관장으로서 주변에서 도움을 주시는 분들과 직원들이 한없이 소중하게만 느껴졌다. 이렇게 법신불 사은님의 은혜도 받는구나 하고 생각했다. 이 소식을 듣고 여기저기에서 뜻있는 분들이 위로와 함께 걱정하는 전화를 주셨다. 또 어떤 분은 직접 찾아오시며 저의 용기를 북돋아 줬다. 그래도 이 복지관에서 열심히 정직하게 살았음을 스스로 위안 삼을 수 있었다. A4 용지 몇 박스 분량의 제출서류가 완성되었다. 스타렉스에 차곡차곡 싣고 특별히 마음을 내 함께 해주신 법인의 상임이사님과 직원들이 구청 담당 부서에 제출했다. 심사하시는 분들이 재량 점수를 많이 주시기를 간절히 바라며 또 하늘의 뜻을 기다리기로 했다.

무엇인가에 미쳐 후회 없는 삶의 방식을 가슴 깊이 생각했다. 일생에서 크게 성취하는 사람이 되려면 내가 가진 모든 역량을 쏟아부어야 한다고 여러 번 다짐했다. 지금까지 주민들이 원하는 목표를 세워 계획안을 만들고 추진하면서 마음 든든해 하기도 했었다. 하지만 이렇게 내 마음이 잘 진정되지 않을수록 법신불 사은님의 광명과 위력이 더해져 좋은 평가 점수가 나오기를 원하는 기도를 수없이 올릴 수밖에 없었다.

항상 복지관 일의 긴급성, 중요성, 장단기성 등으로 우선순위를 정해 어떻게든 정해진 시일 안에 처리하며 지역주민의 건강과 행복을 위한 목표를 이루려고 했었다. 그때마다 어떤 일의 해법을 찾는 데까지는 많은 어려움을 겪었다. 오늘도 어떻게든지 좋은 방법을 찾아 이어가 기쁘고 행복해지기를 기도했다. 이번에도 말이다.

진정한 재위탁의 해법이 챙겨지는 기도가 되기를 원했다. 조건과 환경만을 따지지 않기 위해 지난날을 떠올리며 여러 번 참회 반성했다. 강한 믿음으로 희망을 품지 못하면 한 발짝도 앞으로 나아갈 수 없었다. 머리가 아프고 멍멍해지기도 했다. 안 가봐서 못 간다고 하고, 해보지 않은 일은 경험이 없어서 못 했다고 자신을 합리화하며 부정하기도 여러 번 했다. 하지만 일상적 태도가 되어야 하는 진인사대천명을 성誠의 마음으로 반추해야만 했다.

난관을 뚫고 더 큰 희망을 키워 지역주민과 함께 성공하는 사람이 되기를 바랐다. 이 세상 험한 파고를 넘길 바랐다. 좋은 분들의 생각이 모이고, 보태지고, 쌓이면서 나의 힘이 배가되고 증폭되는 것을 느끼고 싶었다. 새로운 도약의 기회가 만들어지기를 원할 뿐이었다. 이렇게 시간은 진인사대천명의 삶을 일깨워 줬다.

꿈이 현실이 되기를 원하는 기도를 또 올려야겠다. 아픔은 긴 시간의 정화와 치유의 과정을 통해 회복된다는 말도 기억해야 할 것 같다.

(4) 최급무

조선의 왕은 27대까지 있었다. 22대 정조대왕은 조선의 중후반기를 이끈 왕이다. 어릴 때 이름은 이산李祘으로, 열한 살 때 아버지 사도세자가 붕당 싸움으로 뒤주에 갇혀 죽어가는 것을 지켜봐야 했다. 노론 대신들은 영조에게 사도세자가 반역을 꾀했다고 거짓으로 고했고, 영조는 사도세자를 뒤주에 가둬 8일 만에 죽게 했다. 어린 이산이 살려달라고 울면서 애원했지만, 영조는 사도세자를 뒤주에서 꺼내 주지 않았다. 사도세자가 왕이 되면 자신들의 힘이 약해질 것을 두려워한 노론의 짓이었다. 사도세자는 별칭이다. 조선 제21대 영조의 둘째 아들이자, 제22대 정조의 아버지로 사도세자思悼世子 또는 장헌세자莊獻世子로 불린다. 이름은 선愃이다.

이후 왕위에 오른 정조는 백성들의 고통을 덜어 주는 데 온 힘을 다했다. 그리고 불공평한 법과 잘못된 제도를 혁신한다. 개혁 군주로 불린 이유가 된 탕평책을 엄격하게 펴나갔다. '탕평'은 중국의 옛 책에 나오는 말로, '어느 쪽에든 치우침이 없이 공평하다'라는 뜻이다. 능력이 있어도 나랏일에서 밀려나 있던 소론과 남인, 그리고 본부인의 자식이 아니라는 이유로 차별받던 서얼에게도 벼슬길을 열어 주고 나라를 위해 일할 수 있게 했다. 토지 제도 개혁을 주장한 정약용과 상공업 진흥을 주장한 박제가, 이 두 사람을 비롯한 젊고 유능한 인재들을 끌어모았다. 정조는 이들을 중심으로 새로운 정치를 시도하였다. 특히 사도세자의 능이 있는 화성이나 행궁이 있던 수원에 행차할 때는 왕의 직속부대인 장용영을 앞세우며 백성들을 만나 직접 민의를 듣고 국정에 반영했다.

지금도 정조의 어록으로 남아 전해지는 말이 있다. '치국지제일급무治國之第一急務 막유선어배양인재莫有先於培養人材'란 말이다. 나라를 다스리는 데 있어 제일 첫 번째로 급한 일은 인재를 배양하는 것으로 이보다 앞서는 것이 없다는 뜻이다.

그렇다면 우리에게 가장 급한 일은 무엇인가? 아이들을 위한 투자? 아파트 평수 늘리기? 통장 잔고 늘리기? 물론 당연히 중요한 일들이다.

하지만 자기 자신에게 필요한 최급무最急務는 무엇일까? 가장 급한 일로서의 IT 4.0시대에 맞는 삶의 방식을 취하며, 스마트한 사회에서 스마트한 사람이 되어 살아가는 방법을 꾀하는 것이다. 한국은 세계 6위의 제조업 강국이다. 이제는 레이저나 센서로 제품의 결함이 있는지를 확인한다. 사람이 품질검사를 할 때보다도 제품의 불량률이 뚝 떨어졌다고 한다. 공장이 똑똑해졌다. 생산직 노동자를 지식노동자로 변화시키고 있다. 인간과 로봇의 협력 시대가 됐다. 4차 산업혁명의 도래라고도 한다. 사람과 기계가 네트워크로 연결되는 것은 이제 현실이 됐다. 이런 삶과 경쟁 속에서 '하나 더'라는 생각으로 삶의 애환과 갈증을 부추기면 부추길수록 삶의 여유를 빼앗기게 된다. 자기가 늘 새롭게 행복해지는 길을 찾아야 한다. 더 새로워지는 변화를 이루며 살기 위해서는 항상 보다 더 큰 생각의 길 위에서 생각하고 움직이며 실천해야 한다.

오아시스는 사막과 같은 건조지역의 특정한 위치에서 물 공급이 지속해서 일어나 외부와 단절된 하나의 식생을 이루는 곳으로 더 강인해진 삶을 생각하게 한다. 앤 허드라 오아시스 아라비아반도와 아프리카 북부에서 유목하며 사는 베두인족은 사막의 오아시스 주변에서 천막을 치고 거주한다. 베두인족은 수평 이동으로 유목을 하여 비가 많은 계절에는 사막에, 건조기에는 물이 풍부한 지역으로 이동한다.

넓은 의미에서 오아시스는 샘 오아시스, 하천 오아시스, 산록 오아시스, 인공 오아시스와 한대지방에서 볼 수 있는 온난 오아시스 등을 포함할 수 있지만, 좁은 의미에서의 오아시스는 샘 오아시스로 사막 안에 있는 낮은 웅덩이에 지하수가 솟아 나와 물이 괸 것을 일컬으며 그 규모가 다양하다. 이런 현상은 지표면의 모래층 아래에 고여 있는 풍부한 지하수가 단층 등의 수맥이 끊어진 틈에 스며 올라오기 때문에 대추야자 등의 식물들이 많이 자생하는 옥토가 된다. 그러기에 사하라사막과 같이 건조한 지역에서 오아시스는 마을을 발달시켜 사막 인구의 70%가 이곳에 정착하여 관개에 의존해 생활한다. 또 오아시스는 사막을 건너는 무역과 이동에 매우 중요한 역할을 한다. 오아시스를 기점으로 대상로隊商路가 연결되고, 캐러밴들이 물과 음식의 중간 공급을 해야 할 때가 많기 때문이다. 따라서 오아시스에 대한 정치적 또는 군사적인 지배는 곧 그 지역을 지나는 무역로를 지배하는 것과 다름없었다.

사람으로 태어나 성장하고 변화하며 허물을 고치는 일과 생멸 없는 진리를 믿게 되는 일도, 또한 오아시스에서 더 풍부한 물을 구하는 사람들의 모습과 같다는 생각을 하게 된다. 허물을 고치며, 호리도 틀림이 없는 생멸 없는 진리를 믿으면, 늘 일마다 불공하는 자세로, 혹은 참선하는 자세로 살게 된다. 인격을 도야하며 어떤 사람이든 부처로 생각하고, 불생불멸의 진리와 인과보응 되는 진리를 믿고 깨닫는데 정성을 다하게 된다. 이렇게 마음속 깊이 받아들여 실행하며 모든 일에 가장 앞서는 일이 되게 해야 한다.

학인이 정산 종사에게 물었다. "사람의 일 가운데 무슨 일이 제일 급선무가 되나이까?" 그러자 말씀하시기를, "각자의 허물을 찾아 고치는 일이라."고 하였다.

소태산 대종사도, "모든 사람에게 천만 가지 경전을 다 가르쳐 주고 천만 가지 선善을 다 장려하는 것이 급한 일이 아니라, 먼저 생멸 없는 진리와 인과보응의 진리를 믿고 깨닫게 하여 주는 것이 가장 급한 일"이라 밝히었다.

세상을 살다 보면 할 일이 너무 많다. 하지만 이제는 가장 중요하고, 또 급한 일이 무엇인지 생각하며 우선 실행할 순위를 정하여 진행해야만 한다.

아이들이나 가정을 위하는 일을 하는 과정에서 단 10%라도 이렇게 자기 삶에 투자해야 한다. 미래에 있어서 어떤 가능성을 새롭게 여는 일이 무엇인지 바르게 인식해야 하기 때문이다. 그렇게 일의 형세를 살펴 내공을 쌓는 취사로 맑고 밝고 훈훈한 얼굴을 가지는 노력을 해야만 한다. 과거에 얽매이지 않고 앞으로 나아가는 길에, 그저 놓아도 되는 일은 놓아 버리고 열린 마음이 되게 하는 일로써 미래의 세계로 나아가야 한다.

자기 삶에 대한 이해는 어떤 존재 가능으로 실존하는 현존재가 된 현실법문이요, 자기 스스로의 가장 큰 스승이다. 이런 자기 이해를 통해 자기 삶을 완성할 수밖에 없다. 이미 이루었던 성과에 안주하지 않고 열린 새로운 가능성의 세계로 나가야 한다. 이러한 관점을 지녀야만 한다. 그 새로운 관점을 가능하게 하는 것이 처처불상 사사불공, 무시선 무처선이란 표어의 체화이다. 곳곳이 부처요, 일마다 불공이란 표어를 통해서 삶은 풀어야 할 문제가 아니라, 있는 그대로 받아들여야 할 경이로움이라는 것을 알 수 있다. 언제 어느 때나 본래 마음을 찾아야 한다는 무시선 무처선을 통해서는 삶은 불안정한 것이요, 있는 그대로를 받아들이는 것이 안정됨을 알아 느낄 수 있게 한다.

크게 이름을 드러낸 분들을 통해 알 수 있듯이, 이 세상의 한 존재자로서 마음을 살펴 형세를 조절하는 일과 형세를 살펴 마음을 밝히는 일은 매우 중요하다. 어떤 상대든 마음으로 수용하여 끌어안는 일처럼 중요한 게 없다. 그렇기에 대산 종사는 『대산종사법어』 교훈편 5장을 통해 "이 세상에서 제일 밝은 것은 불생불멸과 인과보응의 진리를 깨친 마음이요, 제일 어두운 것은 그 진리를 깨치지 못한 중생심"이라고 하셨다. 또 제일 큰 것은 허공에 합일한 대자비심이요, 제일 작은 것은 용납하지 못하는 마음이며, 제일 깨끗한 것은 욕심을 제거한 청정심이요, 제일 더러운 것은 욕심에 물들고 얽매인 탐심이라 하셨다. 중생심을 극복하려면 어떻게 해서든지 처처불상 사사불공의 자세를 닮고, 허공의 마음을 보듬는 무시선과 무처선을 실행해 가는 자세를 길들이는 게 좋다. 도행지이성道行之而成의 심경을 가져야 한다. 장자莊子에 나오는 구절로, 없던 길을 걸어가면서 만들어낸다는 뜻이다. 처처불상 사사불공, 무시선 무처선의 심경이 도행지이성의 검증 포인트가 되게 해야 한다.

시간이 흘렀을 때 근기나 공부에 따른 극명한 차이를 보여준다. 일마다 어떤 부분이 달라도 다르고 마음 씀씀이도 천양지차였다. 교리표어로써 얼굴과 마음을 가꿔야 한다. 얼굴의 생김새나 체격, 목소리의 톤, 피부 빛깔까지도 얼마나 달라지는지 모른다. 신언서판身言書判이라 했듯이, 한 사람의 능력으로 표현되는 압인지상壓人之相과 위민지상慰民之相은 정말로 많은 느낌과 생각을 하게 한다. 자기 스스로 어느 인물로 생각해주기를 바라는지 숙고해야 한다.

이제 이렇게 열린 가능성을 표어가 함의하는 내용으로 확신하며 생각의 감옥에 갇히지 않게 해야 한다. 본래 마음 아닌 마음은 원래는 없건마는 경계에 따라 있어지는 것이니, 스스로를 성찰할 때마다 관념과 실재를 뛰어넘어 형색이 즐거워할 힘이 발현되도록 해야 한다. 정말이지 자식이든, 부부지간이든, 직장 동료든 함께 산다는 것은 그 자체로 소중한 일이다. 항상 혼자가 있음이 아니다. 만나기 싫은 사람이 지금도 마음속에 남아 있다면 모든 생각을 근본적으로 바꾸는 노력을 하며, 경經을 더 읽을 필요도 있다. 처처불상과 사사불공을 생각하고 실행함이 자기 허물을 고치는 일이요, 생멸 없는 진리와 인과보응 되는 진리를 호리도 틀림이 없이 믿고 깨달아 가는 마음공부 길이다.

어느 때나 이렇게 가장 급한 일이 무엇인지 되물으며 처처불상 사사불공, 무시선 무처선을 행하는 큰길 위에서 스스로 소중한 사람이 되어 살아야 한다. 자기 자신이 가족이란 최소의 단위에서 행복하지 못하면 결코 오랫동안 행복할 수 없다. 행복은 늘 삶의 주변과 경이로움에서 발현되는 것임을 느끼고 깨닫는 마음의 평화에 좌우되기 때문이다.

(5) 앞날의 자신감

상담을 원하던 한솔 씨가 찾아왔다. 간단하게 인사를 한 후 티타임을 가졌다. 모 대학 간호학과 2학년으로 아르바이트를 하며 학교에 다니고 있었다.

아빠 엄마는 오래전에 이혼하였고 엄마와 1남 1녀가 함께 살고 있었다. 하지만 군대를 다녀온 오빠는 취업준비 중이고, 보험설계사로 일하며 힘들게 살림을 꾸리는 엄마를 돕기 위해 한솔 씨는 가능한 한 여러 가지 아르바이트를 하며 학교에 다니고 있었다. 그래서 그런지 청순 발랄함보다는 차분했다. 그런데 차를 마시며 긴장이 풀렸는지 갑자기 사는 게 힘들다고 말했다.

"사는 게 참 힘들어요! 너무 힘들어요!"

나는 답을 해야 할 필요를 느꼈다.

"누구나 자기가 뜻한 대로 모든 여건이 순조로운 사람은 별로 없어요! 한솔 씨! 그 누구든 삶의 과정이 힘들지만 할 수 있다는 믿음을 가지는 거지요! 힘들고 완벽하지 않은 것들에 대해 불안해하는 마음을 누그러트려야 해요. 누구든지 그 힘든 과정과 불안을 극복하며 기쁨을 찾고 희망을 키우고 성취를 하는 것이지요!"

이렇게 한솔 씨가 최선을 다하고, 그나마 선택할 수 있는 대안이 있음에 감사하면서 자신감을 가지라고 위로했다. 누구나 세상을 사는 자신감을 가져야 한다. 앞날에 대한 자기와의 약속이니 꼭 잘할 수 있다는 믿음을 가지는 게 좋다.

이런 덕담 아닌 덕담을 하며 한솔 씨의 얼굴을 쳐다봤다. 조금은 밝아진 표정을 볼 수 있었다. 잠깐이었지만 정말 특별한 경험을 했다. 그 누구라도 이 세상을 살며 이뤄야 하는 일이라면, 이룰 수 있는 일이라면, 어려운 일이 있어도 이리저리 뭔가 다르게 생각하고 성취하는 믿음으로 자기 꿈과 마음을 밝히며 세상을 똑바로 바라봐야 함을 다시 생각했다.

앞으로도 이렇게 삶의 길 위에서 만나는 인연에게 긍정의 힘과 성공의 힘을 느끼며 밝은 미래를 여는 자신감을 심어주고 싶다.

(6) 막힘없는 소통

평소 서로 호감과 믿음으로 관계를 돈독하게 유지하고 있다고 생각했던 어르신이 전동휠체어를 타고 관장실에 들어오셨다. 편안하게 의자에 앉으실 것을 권해 드렸다. 그런데 순간적으로 버럭 삿대질하며 큰 소리로 역정을 내셨다.

처음에는 영문도 모르는 말씀을 듣고 있기가 참 힘들었다. 경계 속에서의 마음 멈춤을 진행했다. 그 어르신이 하시는 말씀을 경청했다. 그 어르신이 말씀을 다 하실 때까지 법신불의 본원 자리를 생각하고, 마음을 다스리며 참 인생 공부한다는 마음으로 인내하며 들었다.

어느 정도 분위기가 진정되었다고 생각될 때, 그 어르신에게 그토록 역성을 내시는 연유를 조용하고 나직하게 여쭈었다. 그러자 그분은 복지관 사업이 더 잘되도록, 관장이 더 잘 될 수 있도록, 소통의 통로가 되어 큰 역할을 한 것으로 자부하고 계셨다. 내심 그 보상을 생각하고 계셨음도 알 수 있었다. 그러나 얼마 전 진행한 작은 포상의 서운함이 불만으로 변해서 앙금의 감정을 폭발시킨 것이었다.

'아차! 그랬었구나! 그래서 그 어른이 그렇게 화를 냈구나.' 생각하며 힘을 다해 도와주시려고 한 그 마음에 다시 감사의 말씀을 올렸다. 그리고 원하시는 표창이나 포상의 격과 공적의 근거를 명확히 할 수 있어야 한다고 말씀드리고 다시 한번 혜량을 구했다.

이렇듯이 언제든 막힘없는 소통은 중요한 일이다. 인간관계가 긍정적이고 친화적이라고 해서 평소 소통이 잘 된다는 생각으로 방심해서는 일 처리를 잘 할 수 없다.

진정한 소통을 위해서는 상대의 정신적인 수준까지도 배려하고, 교류하는 상황까지 확인할 필요가 있다. 막힘없는 소통이 무엇인가 다시 생각했다. 이처럼 소통은 사고력과 표현력과 공감력이 합해진 것임을 확인했다.

다시 한번 소통의 삶에 대한 변화의 필요성을 일깨웠다. 앞에서 끄는 사람으로서든 뒤에서 미는 사람으로서든지 분명히 알아야 할 것 같다. 소통이 완성되어가는 채움과 나눔까지도 마음속 깊이 받아들이고 확인해야만 진정 무난히 소통하는 사람으로 자리할 수 있을 것이다.

인간관계를 연구하는 학자들은 소통의 대상자를 위한 자기애, 긍정, 열정,

인내, 유연, 자부심, 겸손, 사랑, 감정표현, 미소, 도전, 공감, 의리, 감사, 배려, 리액션, 대화, 스타일, 유머, 습관, 실천 등을 더 연구하고 적용하고 실행하기에 힘써야 한다고 했다. 맞는 지적이었다.

(7) 절제된 욕심

또 한 번의 조촐한 은혜 나눔 행사를 했다. 많은 주민이 줄을 서서 기다리며 정성스럽게 준비한 물품을 받아갔다. 한 개라도 더 받으려고 줄을 다시 서는 사람이 있는가 하면, 아이 손 잡고 있는 모습에 하나를 더 얹어줘도 한 개만 받아가는 사람도 있었다.

그냥 평이하게 한 개만 기쁘게 받아가는 사람들도 꽤 많았다. 그중에서도 조금은 다른 말과 행동으로 함께 나온 아이에게 욕심의 절제를 가르치는 엄마가 눈에 띄었다.

엄마 손을 잡고 있던 아이가 엄마에게 말했다. "엄마! 우리도 선물을 한 개 더 받아가자! 엄마! 다시 얼른 줄을 서자!" 그러자 엄마가 말했다. "줄 서 기다리는 다른 사람들도 받아가야지!" 그리고는 엄마가 딸을 달랬다. "사람들은 이 세상에 올 때 두 개의 주머니를 갖고 온단다. 하나는 복福주머니고, 다른 하나는 악惡주머니야! 엄마는 복주머니만 채우고 싶단다! 알았지? 우리 딸도 착한 복주머니만 채우면 어떨까?"

이렇게 말하고는 아이의 손을 잡고, 행사장에서 멀어져갔다. 참으로 값진 교육을 하는 엄마였다. 현명함이 돋보였다. 아이를 욕심내며 키우는 것이 아니었다. 바르게 키우기 위해 절제를 가르치는 것처럼 보였다. 자기들이 가진 부富는 일등이 아니라도 행동거지는 일등급이 될 수 있는 광경이었다.

삶이란 이렇게 뜻밖의 기쁨을 선물해 준다. 물욕으로 만연한 세상에서 어떻게 살아가야 하는지 마음 깊이 생각하게 하는 하루가 됐다.

(8) 성공 인생의 징검다리

단정한 차림을 한 할머니께서 출입문을 노크하며 들어오셨다. 차를 한 모금 마신 후 할 말이 있다며 이야기를 시작하셨다.

"난 74세로 삼 남매를 두었어요. 나도 정년까지 좋은 직장에 다니며 아들 딸을 대학까지 공부시키고 분가시켰어요. 그런데 큰딸은 이혼해 어디에서 어떻게 사는지도 모르고, 아들은 주식을 하는 절친한 친구와 술을 마시다 빚보증서에 도장을 찍은 일로 화를 겪고 정상적인 일도 못 하는 고난을 겪었어요. 달아난 그 친구 때문에 재산을 압류당하는 수모를 겪고 직장까지 그만둔 후 두 살 된 손녀를 나에게 맡겼어요. 물론 며느리는 이혼해 집을 나갔습니다. 그 후 어디에서 밥이나 먹고 사는지 알 수도 없어요. 막내딸은 서울에 사는데 건강이 좋지 않아 연락도 잘 못 하고 살고 있고요. 나의 유일한 희망은 내가 양육하는 손녀가 잘 성장한 모습을 보고 죽는 거예요. 어찌나 공부를 잘하는지 국어 영어 수학 과목은 거의 올백을 맞아 오니 그 재미로 살아요. 원하는 대학에 갈 때까지만 뒷바라지하며 살고 싶어요. 그런데 이렇게 찾아온 것은 그 예쁘고 착한 내 손녀가 장성해서는 할머니처럼 몸이 좋지 않은 사람을 도우며 살고 싶다고 해요. 내과 의사를 장래의 직업으로 희망하고 있는데 학자금 고민이 되어 왔어요. 의대에 들어가기 위해서는 공부를 더 잘해야 하고 그러기 위해서는 기숙을 하며 다닐 수 있는 고등학교에 진학해야 하는 데 그럴 돈이 없으니까요. 학원비를 후원해 줄 수 있는 분과 결연을 맺어주면 좋겠어요. 내 말만 했나요?"

순간적으로 어르신 괜찮습니다라고 말씀드렸다. 또 지금까지 잘 말씀하셨습니다, 이렇게 말씀드리며 도울 방안도 찾아보겠다고 했다. 그렇게 한 시간 정도의 면담을 하신 후 어르신은 또 어딘가를 가셔야 한다며 일어나 가셨다.

사람들은 경제 중심의 경쟁 속에서 자기의 이상을 펼치기에 힘쓴다. 한 번

밖에 주어지지 않는 생의 기회와 그 소중한 가치를 생각하며 최선을 다하며 살아야만 된다. '언제나 건강한 마음이 인생성공의 징검다리였다.' 이런 말을 소위 성공한 사람들로부터 참 많이 들었던 기억도 있다. 행복을 상징하는 새, 파랑새는 성공을 향해 가는 마음속에 있었다.

오늘 만난 어르신 가족들도 그렇게 성공이 가능한 본인들의 마음과 시각으로 자기 능력의 한계를 더 정성스럽게 넓혀가기를 바란다. 또 원하는 바를 거듭 성취하며 성공의 길로 나아가 세상에 희망과 감동을 주기를 기도했다.

(9) 사랑의 묘미

삶이란 그 어떤 사랑의 묘미를 만드는 관계의 연속이었다. 변장술을 떠올리며 아름다운 생각에 집중하게 된다. 만나는 사람들로부터 받는 갈등 같은 화두를 내 마음속 사랑의 기운으로 느낄 때 항상 행복했다.

사람인 이상 사랑의 기운은 놓으면 안 되는 감정이었다. 미래의 목표가 아닌 현재의 가장 아름다운 선택이었다. 배우지 않아도 알 수 있는 것이었다. 그래서 언제나처럼 일 속에서도 한결같이 사랑할 때를 기약하려 힘쓰기도 했다.

누구의 이야기에도 흔들릴 필요가 없었다. 관념觀念도 필요 없었다. 그 마음을 그저 편안하고 행복하게 느끼면 그만이었다. 살아갈수록 사랑을 조금씩 가르쳐 주는 바로 이런 시간이 사랑의 초월임을 알게 해줬다.

이렇게 참사랑의 욕구는 관념과 현상을 왕래했다. 조그마한 허물을 생각할 이유는 필요치 않았다. 귀를 파주는 사람으로, 발톱을 깎아 주는 사람으로, 옷에 묻은 먼지를 털어주는 사람으로, 함께 식사하며 쉽게 이야기 할 수 있는 사람으로 없는 문제까지도 함께 고민하고 소통하며, 그저 늘 배려하는 마음으로 따뜻한 언행을 실천하고 공감하며 정성스럽게 미덕을 챙기면 더 쉽게 친해진 하나의 마음이 되었다.

사랑은 이렇게 어떤 만남의 형식보다 소통의 내적 가치를 점증시켰다. 한 마리 새처럼 행복한 세상으로 들어가는 비상飛上이었다. 오늘도 내일도 모레도 만나! 사람 그 누구라도 이런 사랑의 묘미를 느끼며 살아가야 할 것만 같다.

(10) 배우며 일하고 사랑하기

가끔 되뇌는 글이 있다. 생즉학生卽學 생즉업生卽業 생즉애生卽愛이다. 산다는 것은 배우는 것이요, 일하는 것이요, 사랑하는 것이었다.

희망이란 무엇인가? 내일은 오늘보다 더 나으리라는 기대가 커지는 것이다. 날씨가 화창하기를 바라는 것도, 앞길이 평탄하기를 바라는 것도 희망이다.

그렇게 단 한 번뿐인 삶을 살며, 더 멋진 인생의 맛을 느끼려 힘쓸 필요가 있다. 한시도 멈춰서는 안 되는 마음 관리와 몸 관리도 실천하면 더 좋다. 단지 변화가 필요했다.

나는 무엇을 배우고 어떻게 하고 살아왔는지, 또 하루를 지낼 때마다 생각하는 것도 한 가지 방법이 된다. 뭐든 용감하게 할 것 같은 생각이 맴돌던 그때는 청명한 하늘의 흰 구름처럼 두둥실 흘러가 있었다.

스승님 말씀과 이 책 저 책 참고해 어떻게 살아갈 것인가, 그 기준을 정해 놓고 고민도 했다. 놀고먹고 살 것인가? 속여먹고 살 것인가? 빌어먹고 살 것인가? 벌어먹고 살 것인가? 가끔이라도 생각해 볼 필요가 있었다. 그러다 행동의 가치는 그 행동을 끝까지 이루는 데 참 의미가 있다는 것을 배워 깨달았다. 그렇게 함께 일하는 즐거움도 알았다.

함께 손잡고 마음 맞춰 협력하며 조직문화를 활성화해 행복한 일터를 만들고 즐겁고 의미 있는 삶을 살아야 했다. 행복한 일터에서 그 일에 몰두해 일하고 싶은 일터를 만드는 방법도 모두가 즐겁게 느끼고 생각할 수 있게 해야 결과가 좋았다. 항상 모범이 되는 마음속 사람도 만났다. "전기요금이 올랐어!", "가스요금이 너무 비싸졌어!", "핸드폰 요금이 떨어져서 그나마 다행이야!" 이렇게 경제의 한 흐름이 바뀌는 것도 곧 삶의 공부였고 일에 전념하는 열쇠였다. 좀 안다 싶으면 누구에게라도 잘 설명하며 복을 짓는 기회로 얼마든지 활용하며 일과 사랑을 말할 수 있었다.

　더 중요한 것은 어떤 사안에 대응해 나아가는 사랑의 마음이었다. 주어진 삶에서 배우고 일하며 사랑하는 것은 자기 문제를 해결하는 통로였다. 그렇게 칭찬하는 법도 배우고 또 활용했다. 왜 좌산 상사님께서는 '가장 큰 선善을 잘 행하는 사람이 칭찬하는 사람이라'고 하셨는지, 그 의미를 종종 마음에 새겼다. 법신불의 은혜에 충만할 수 있었다.

　삶의 기운은 항상 내 마음이 밖으로 흘러나가 연결됐다. 마음속에서 좋은 변화가 일어나면 상대방 행동도 호의적으로 나타났고, 다른 사람과의 관계도 한결 원만해졌다.

　이러한 마음의 조화나 욕구의 변화가 더 깊은 맛을 내는 인생의 사랑이 됐다. 어떤 사람이나 존재를 몹시 아끼고 귀중히 여기는 마음이 사랑이라 했지만, 그저 상대방을 믿고 존경하고 감사하고 생각하고 그렇게 노력하는 것도 사랑이었다. 그래서 어떤 자리에서도 걱정하기보다는 믿어야 했다. 그렇게 사랑은 주고받는 것이었다. 그렇게 사랑은 하나의 감정이 됐다. 지속적일 수도 일시적일 수도 있는 사람의 심정이었다. 느끼고 생각하는 사랑의 감정은 정말 소중한 삶의 체험이었다. 어떠한 마음을 가지고 나아가느냐에 따라 놀라운 변화가 일어났다. 누구를 따라서가 아니라 스스로 어떻게 해야 할까 생각하고 정성 다해 시작해야 했다.

(11) 꽃비

비에도 여러 가지 이름이 있다. 이슬비, 소낙비, 부슬비, 장맛비 이런 이름 말고도 아주 생소한 이름도 있다. 목비이다. 목비는 봄철 모내기를 할 때쯤 내린다. 농부들의 입장에서, 때맞춰 오는 비로 농사의 일손을 덜어 주니 한 해 농사도 잘되게 하는 풍년비다. 그래서 농사의 절반은 하늘이 짓는다는 말이 생겨난 것은 아닌가 하는 생각도 했다.

그러나 비는 하늘비만 맞는 게 아니었다. 교화현장의 꽃비가 맘속에 쏟아졌다. 학부 시절 교수님께서 교화를 꽃비에 비유하던 말씀도 떠올랐다.

그런데 오늘 냇가를 한가롭게 떠다니는 오리처럼 일원의 메아리 속 꽃비를 맞았다. 모든 게 법신불로 느껴진 기쁨의 꽃비였다.

창립의 기초를 닦은 선진님들이 가셨던 길, 내가 가야만 하는 길 위에서, 바라보기만 해도 감동을 가져다주는 꽃비가 봄비 속에 섞여 내렸다. 법회 후 삼삼오오 우산 들고 사뿐사뿐 내딛는 교도님들의 걸음걸음이 가슴 벅찬 새로운 기쁨이 됐다. 방심하면 보이지 않는 비였다. 마음으로만 느낄 수 있는 비였다. 이제 조금은 익숙해진 꽃비를 봄비 속에서 찾았다. 빙그레 웃으면서 맞았다.

교무의 행복이란 이런 것이었다. 꽃비 맞는 기쁨 속에서 다시 또 깨어났다. 오늘도 내일도 꽃비를 맞고 싶다.

(12) 존재를 알리는 주장

아침 조회 후 도로 지저분해진 1층 로비의 이곳저곳을 청소하기 위해 빗자루를 들고 내려갔다. 때마침 지도교사를 따라 실외학습을 나가는 4세 반 어린이들과 마주쳤다. 인솔교사의 구호에 따라 배꼽 위 손을 하고 귀엽게 인사를 했다.

잠시 후 아이들이 합창이라도 하듯 물었다. "뭐 하세요?" "청소하고 있지요!" 내 대답과 동시에 "그게 뭐예요?" 또 물었다. '빗자루'라고 대답했다. 그런데 아이들이 또 합창이라도 하듯 '청소기'라고 말했다. "아니야, 빗자루야!" 여러 번 빗자루라고 설명했지만 소용없었다. 그래도 여전히 청소기라고 말했다.

그때 한 생각이 마음속에 들어왔다. '아하! 너희들 엄마 아빠가 집에서 청소하실 때랑, 어린이집 선생님들이 실내청소를 할 때의 모습이 지금 내 모습과 같은 거구나! 청소기로 청소하는 모습만을 본 것이로구나!' 또한 이제껏 이렇게 생긴 실외용 빗자루를 보지 못한 것이란 생각을 했다. "그래, 알겠다! 알겠어! 청소기야! 뭐, 청소기지!"

순간적으로 웃음이 절로 나왔다. "그랬었구나! 맞다! 맞아!" 이렇게 말한 후 한참을 함께 웃었다.

이렇게 존재를 알리는 주장을 들었다. 아기 부처의 주장이었다. 우리를 지켜보고 우리의 행동을 모방한 것이다. 말과 행동의 불일치를 조심해야 한다.

(13) 세 가지 다짐

인생의 뒤안길을 뒤돌아 생각해 보면 참마음이 늘 문제였다. 하루에도 오만가지 생각이 죽 끓는 듯 치성한다. 붙들면 보존되고 놓아두면 달아난다. 챙기고 챙기며 붙들어 간직해야지 방심하고 방임하며 놓아두면 마음이 취사선取捨線 밖에 나가 제멋대로 논다.

하지만 제멋대로 나간 마음이라도 다시 좋은 마음이 되게 관리해야 한다. 나가버린 마음을 붙들어 와서 취사선 안에 들여놓아야 한다. 마음이 달아난 자리에 잡된 생각들이 들어와 자행자지하며 제멋대로 놀기 때문이다.

그래서 스승님들은 마음을 붙잡아 간직하는 조존操存 공부를 각별하게 중시하셨다. 끊임없이 성찰하며 바르게 취사하는 마음가짐을 잃지 않아야 한다. 모두가 마음의 여유를 챙겨 마음을 붙들면 잡념이 사라진다는 사실을 깨달아야 한다.

오늘도 나른한 오후를 걷어내기 위해 점심 식사 후 아주 천천히 교당 뒤 상학산으로 발길을 놀렸다. 능산로 이곳저곳의 단풍들이 더 아름답게 느껴졌다. 어느새 가을이었다. 여러 나무의 잔가지들이 바람 따라 살랑였다. 사사로운 욕심이 넘치는 마음을 씻어줬다.

물질의 욕망이나 비뚤어진 만족에서 벗어나 새로운 인간의 탄생이라도 논하는 자리 같아서 좋았다. 그저 삶은 무엇으로 건강하고, 진실 되며, 아름다워질 수 있는가? 세 가지 생각을 해보았다.

건강하고 진실 되며 아름답기 위해 언제나 건강을 가꾸는 마음을 내자. 진실 되게 끊임없이 삼가고 두려워하며 마음을 비워내자. 아름답게 덕화德化를 실행하자. 이런 일에 뒤처지지 말자. 이렇게 다짐도 했다. 그저 겨우 흉내라도 내고 싶은 마음을 챙겨봤다.

생각하는 대로 살지 않으면 머지않아 사는 대로 생각하게 된다고 했으니, 어리석게 타성의 뱃살만 불리는 일이 되지 않도록 살아야 한다. 더 새로운 의지를 불태울 최적의 시점이다. 날마다 아름다운 꽃 한 송이가 피는 데에도 긴긴 세월의 비와 바람 그리고 햇살이 필요함을 생각하며, 세 가지 새로운 다짐을 실천하는 그 시간을 즐기고 싶다.

(14) 특별한 목표

나이를 먹고 또 먹으며 특별한 목표를 가졌다. 날마다 좋은 일을 하며 살겠다는 꿈이었다. 가던 길을 되돌려 마음을 찾는 공부를 했다. 똑같은 꿈으로 한 길을 가는 도반들을 만났다.

아름다운 꿈이 바람에 흔들릴 때는 생기를 잃었다. 마음도 얼굴도 차고 단단한 얼음처럼 굳었다. 스승님의 훈증과 기도로 또 힘을 냈다. 어떤 어려움도 뚫고 나아가는 다부진 열정도 지속했다. 그렇게 미지의 세계를 향해 걸었다. 가던 길 위에 놓인 장애물을 넘고 넘어 앞으로 또 앞으로만 걸었다.

온전한 마음을 얻었다. 이제 그 누가 어떻게 살아왔냐고 묻는다면 긍정의 마음을 확립했다고 답한다. 마음에 상처를 남기는 말보다는 약이 되는 말을 좋아했다.

은유를 생각하며 편안한 소통도 했다. 불확실성을 극복하는 노력을 했다. 기대와 요구를 수용하는 자세인지, 경청하고 격려하며 칭찬하는 사람인지 참 많은 반성을 한 기억이 남아 있다. 더 넓고 깊은 마음공부를 하는 밑거름이 됐다.

사람은 하루에 7만에서 9만 가지의 생각을 한다고 했다. 복잡할 수밖에 없는 세상을 사는 관계를 통해서였다. 그렇게 인생의 주인공이 되는 방법을 배워야 한다. 최고의 관계는 부모인연이 최고 인연이지만 그다음은 일터에서 만나는 사람들이었다. 내가 만나는 인연들은 누구든지 최고의 인연이라는 생각을 할수록 좋았다.

좌뇌적인 사람으로서의 생각만 품는다면, 지금 이 시대가 요구하는 우뇌적인 감각을 즐길 수 있는 사람은 되지 못한다. Feeling은 내용이 있는 Action 속에 살아 숨쉬기 때문이었다. 서로 잘 통하는 세상에 사는 방법을 터득해야 함을 이렇게 일깨웠다.

나쁜 일에서도 좋은 일이 되는 배움을 찾았다. 효과적인 의사소통 기술로써의 시선 집중, 목소리와 어조, 표정, 팔과 손의 동작, 신체의 자세, 옷차림과 외모 등을 통해 인간관계를 좋게 할 줄 알게 됐다. 어떤 역경이 닥쳐도 소통과 신뢰로 불확실성을 극복하게 해줬다. 그렇게 일터는 해결중심 모델을 만드는 사람이 되라고 신호를 보내고 있었음을 알았다.

지금도 생각이 행동을 변화시키고, 행동이 습관을 변화시킨다는 말과 그 뜻을 되돌아본다. 보다 더 정성스럽게 모두를 사랑할 수 있는 품이 넓은 사람이 되기 위해 견문지동見聞之動노 한나. 그것이 스스로 나에게 주는 최고의 보상이었다.

(15) 주인의 역할과 과제

자기의 일터에서 주인으로 사는 게 행복이었다. 그 주인의 역할과 과제를 바로 알아 새롭게 마음의 자리를 잡는 일이 중요했다. 자기를 도외시하면 결과는 통하지 않았다.

현대는 스마트문화 시대다. 이런 시대를 더 건강하고 행복하게 살려면 영구히 변치 않는 자기 믿음과 실력을 인정받아야 한다. 참삶을 사는 3가지 코드를 생각해 봤다.

첫 번째 코드는 언제나 인정미 넘치는 구성원이 되는 것이다. 그 어디서든지 이렇게 존재할 자기 가치를 만들어야 한다. 스스로 바르지 않으면 아무도 바르게 따르지 않는다는 사실을 이해하며 몸과 마음을 다듬어야 한다.

두 번째 코드는 언제나 정의情誼가 흔들리지 않는 구성원이 되는 것이다. 감정을 상하게 해 퇴굴시키는 일보다는 감정을 북돋아 진급시키는 일을 우선해야 한다. 이럴 때 정의가 흔들리지 않게 된다. 서로가 어떤 일의 잘함과 잘못함만 직선적으로 분별하고 감각하게 되면 서로에 대한 두려움만 남는다. 그러므로 그 잘함과 잘못함을 말해 미칠 내면의 어둠이 더 커지는 것에 대해서도 유의하며 서로 더 따뜻해지는 취사의 태도를 취할 필요가 있고 그렇게 실행하는 용기를 내야 한다. 불안감을 증폭시키는 표현보다는 부족함을 더 따뜻하게 감싸는 마음을 가져 그 어떤 경계에도 서로 정의가 흔들리지 않는 사이가 되어야 한다.

　세 번째 코드는 언제나 막히지 않고 소통하는 구성원이 되는 것이다. 나 너머의 어떤 사람이라도 잘 소통이 되어야 한다. 지금 이 순간의 삶이 깨어있게 된다. 깨어있게 되면 내면의 선함을 보고 말하며 느끼게 된다. 이리되면 서로의 사랑 안에서 소통이 가능해진다. 이렇게 열려있는 바로 이 순간까지 말이다. 영생의 복을 준비하는 지름길이다.

　이런 조항을 자기 스스로 정하고 지지할 수 있어야 한다. 참으로 기쁘게 참삶을 사는 주인의 역할과 과제였다. 내가 기둥에 못을 박으면 이웃이 모자를 건다는 영국의 격언이 있다. 보다 기쁘고 행복하게 배려할 줄 아는 성숙한 인격을 길러 결국 모두 기쁘고 행복하게 사는 길을 가야 한다. 이렇게 흥기興起하길 꿈꾸며 실행하면 관용의 체험도 될 것이다.

마음으로 쓴 일기

산문집

2022년 5월 26일 초판 1쇄 인쇄
2022년 6월 1일 초판 1쇄 발행

지은이   탁명철
교정교열   탁대환

펴낸이   주영삼
펴낸곳   원불교출판사
출판등록   1980년 4월 25일(제1980-000001호)
주소   54536 전라북도 익산시 익산대로 501
전화   063)854-0784
팩스   063)852-0784
홈페이지   www.wonbook.co.kr
인쇄   문덕인쇄

ISBN 978-89-8076-021-3(03200)
값 17,000원

* 잘못 만들어진 책은 구입처에서 교환해 드립니다.